我的第一本中国通史

隋唐史

主编◎李　默

学术顾问◎李学勤 罗哲文 俞伟超 曾宪通 彭卿云

经典读物《中华文明大博览》青少年普及版

历史大家李学勤作序推荐

给孩子看的易读易懂好看有趣的通史精品

廣東旅游出版社
GUANGDONG TRAVEL & TOURISM PRESS
中国·广州

图书在版编目（CIP）数据

我的第一本中国通史·隋唐史 / 李默主编. — 广州：广东旅游出版社，2014.1（2022.7 重印）

ISBN 978-7-80766-752-0

Ⅰ.①我… Ⅱ.①李… Ⅲ.①中国历史—隋唐时代—青年读物 ②中国历史—隋唐时代—少年读物 Ⅳ.①K209

中国版本图书馆CIP数据核字（2013）第293666号

出 版 人：刘志松
策划编辑：蔡　璇
责任编辑：贾小娇
封面设计：小龙工作室
内文设计：邓传志　冼志良
责任技编：冼志良
责任校对：李瑞苑

我的第一本中国通史·隋唐史
WODE DIYIBEN ZHONGGUO TONGSHI · SUITANGSHI

广东旅游出版社出版发行
（地址：广州市荔湾区沙面北街71号首层、二层　邮编：510130）
广州市樱华印务有限公司印刷
（地址：广州市番禺区钟村街诜敦村大围开发区）
开本：787毫米*1092毫米　1/16
印张：12
字数：195千字
版次：2014年1月第1版
印次：2022年7月第1版第3次印刷
定价：29.80元

序

世间公认，中华文明是人类历史上缔造的最光辉绚丽的文明之一。我们有责任将这一伟大文明的优秀传统普及于国人，进一步介绍于世界。达到这个目的的一种重要方法，就是编著图文并茂的中华文明史。

我国古代的学者，早就提出过“左图右史”的理想，希望用直观的图像来补充文字描述的不足。只是由于当时材料、技术条件的限制，这种愿望无法充分实现。近代各类文物发现众多，尤其是考古学在中国发展之后，编写文字与图像并重的历史书籍的条件便齐备了。

早期有些学者的想法，是给历史研究配置一套参照的图像。这个思想的滥觞，或许可以追溯到明代《三才图会》之类的书籍。日本学者编印的《东洋文化史大系》等等，思路是相近的。在国内，专以文物为主，开此类图谱先河的，是郑振铎先生的《中国历史参考图谱》，曾经广泛流行。不过郑先生的书纯系图集，尚未能收图文互补的效果。同为郑先生编的《插图本中国文学史》，图文兼备，更为读者欢迎，但只限于文学史方面。

近年，很多人想到要编著大规模的“插图本中国通史”，并做了若干尝试。广东旅游出版社推出这部《我的第一本中国通史》，应该说是成功的。这部书重点在于论述中华文明，贯穿以整个历史的纵线，其文字、图片的版面彼此相当，内容同样丰富，真正做到了图文并茂。

图文并重的中国文明史，就方向而言，有利于历史学和考古学的进一步结合。考古学本身是具有独立的理论和方法的学科，然而中国考古学从一开始便以同历史学的密切结合为特点。大家知道，王国维先生20世纪20年代在清华国学研究院讲义《古史新证》中提出的“二重证据法”，在方法论上为考古学的建立发展开拓了道路。“二重证据法”指文献同文物的互相印证，即蕴含着历史、考古的结合。亲手在中国开展考古学工作的考古学家，都以探索和重建古史为职志。最早得到大规模系统发掘的遗址殷墟，其被选定正是出于这样的要求。长期领导中国科学院（后属中国社会科学院）考古研究所的夏鼐先生，1984年在《什么是考古学》文中说，考古学和利用文献记载进行研究的狭义历史学不同，研究的对象只是物质的遗存，但两者同以恢复人类历史的本来面目为目标，如车之两轮，鸟之两翼。对于了解中国有着悠久的文明和丰富的文献传统的人们来说，中国考古学的这种特点乃是自然的。

尽管历史与考古有如此密切的关系，把两者很好地结合起来仍不是容易的事。认识历史文献和考古成果，分别需要特殊的学习与训练。特别是考古学的研究收获，并非轻易就能融会到历史研究中去。在历史知识的普及上，怎样结合考古文物也很不简单。《我的第一本中国通史》在这两方面做了很大努力，使全书成了真正的“纸上博物馆”，成绩是值得肯定的。

说考古学的对象是物质遗存，不等于讲这种遗存仅为物质文化。可能有读者知道，拙见以为每种人类的物质遗存都在不同程度和层面上反映当时的精神文化。大至古城址、陵墓群，小到一件兵器、一个配饰，无非中华文明的产物，寄寓着先民的意念与精神。所以，我们探索中华文明萌生形成、发扬光大的历程，不可缺少考古文物。这正是“纸上博物馆”胜于其他类型的史籍之处。

然而，作为文物考古研究对象的物质遗存，以及由这种遗存所能导出的内涵，究竟是有限的。过去的世界，不可能完整地以遗存的形式保留下来，我们不应当希望考古学能够将《史记》、《汉书》包含的种种全面揭示在人们眼前。因此，在为历史配图时，总是有太多的遗憾，甚至于不很需要的地方，文物数量繁多过剩，而十分需要的场合，有关文物却很少，以至一件也没有。这就要求书的编者广为搜集，又精加选择。《我的第一本中国通史》在这一方面也是做得好的。

这便是我在此要写几句话，向读者推荐的理由。

李学勤

目录

隋

唐

目录

目录

目录

隋

大事纪

公元581～公元618年

公元581～598年

- 公元581年
  杨坚称帝，改元开皇，隋朝建立。
- 公元589年
  隋灭陈。岭南附隋。
- 公元598年
  发兵30万征高丽，无功而返。

公元604～607年

- 公元604年
  杨广弑父自立，为隋炀帝。
- 公元605～610年
  隋凿大运河。
- 公元607年
  中日开始频繁交往。

公元612～618年

- 公元612~614年
隋3次大举进攻高丽。

- 公元618年
宇文化及杀炀帝，隋亡。

杨坚改朝换代

大象二年（580年），北周宣帝死，静帝年幼，无力统辖朝政。杨坚入宫辅政，被称为大丞相，总理朝廷大小事宜。

杨坚入宫后，革除宣帝时期许多苛政峻法，制定了《行书要制》；准许汉族人放弃鲜卑族身份而恢复自己原来的姓氏；提倡国民必须节俭才能强国富民。

这些举措顺民意、合民心，给久处纷乱艰辛之世的人们带来了莫大希望，很快取得了人民的拥护。

◎隋文帝杨坚像。隋文帝是个很有作为的皇帝，在位期间施行了很多善政。

杨坚声望日隆，取代北周宇文氏的迹象日益明显。

北周贵族眼见自己的朝廷逐渐被杨坚所掌握，当然不甘心。赵王、陈王、越王、代王、滕王五王会集长安，企图在宴会上暗伏士兵将杨坚杀死。杨坚不知是计，只带了大将杨弘、元胄前去。席间，赵王几次下手，但元胄舍命相救，杨坚最终有惊无险。兵变不成，后来五王反而被杨坚以谋反罪处死。

大象三年（581年）初，杨坚大开杀戒，消灭了北周宇文皇族。当年，废周称帝，改国号为隋，改元开皇，定都长安，史称杨坚为隋文帝。

在善政与血光中，隋朝建立。

隋新创多种制度

隋朝创设的许多体制都开历史的先河，并为后世所仿效。

文帝即位后，大力加强中央集权。他废除北周所置六官，推行三省六部制，即尚书、中书、门下三省及吏、户、礼、兵、刑、工六部，这样一来，中央官职分工明确，效率得到了极大提高。地方则废郡设州、县两级，州设刺史，县设县令，裁撤冗员，有利于中央对地方的控制。

为了笼络人才，文帝首创科举

◎隋文帝祈雨图。隋文帝祈雨壁画场面盛大，颇能一窥“开皇之治”气象。

制，从此庶族寒士也有机会提升地位，进入统治阶级上层。许多知识分子都苦读经书谋求官职，在文帝南征北战的统一过程中，这些出身贫寒而得以重用的官员发挥了重大的作用。

581年，隋朝颁布《开皇律》，苛刻程度较轻。《开皇律》废除了死罪81条，最后只剩下500条法律，编成12卷。这部法律初步建立起系统的诉讼、刑罚制度，发展“议、减、赎、当之法”，但也为违法犯罪的贵族、官僚提供了保护。《开皇律》不仅被唐代法律吸收沿用，进而影响到以后的封建各代法典，而且从本质上说，其影响远及东亚各国。《开皇律》比东罗马的《查士丁尼法典》晚了近半个世纪，但它奠定了中华法系的基础，与《查士丁尼法典》遥相呼应，各自代表东西方封建法律的模式。

583年，杨坚全面改革赋税制度，男子成年年龄由18岁改为21岁，每年服役时间由1个月改为20天，纳绢2丈。590年，又规定农民年满50岁便可免纳庸税，604年又免除妇女、奴婢、部曲的课税。

隋朝还颁布了均田令；统一流通货币，铸造五铢钱。

以上措施皆对后世有深刻影响，也有利于巩固隋朝的统治。

隋对突厥作战

581～583年，隋文帝一面利用长孙晟的计策离间突厥各部，一面派兵袭击突厥，在两年中屡屡大破突厥。

581年，突厥佗钵可汗病逝后，突厥各部走向分裂。杨坚建隋后对待突

◎隋代牵马胡俑。俑为胡貌胡装，深目高鼻，面带笑意，全身用红、白、黑三色涂绘，姿势作牵马状。

厥不再像北周那样优厚，于是突厥常常骚扰隋北方边境。隋朝命人修筑长城，驻扎兵力以防备突厥入侵，但收效甚微。

582年，隋朝与突厥多次大战，突厥甚至占了上风，一路烧杀抢掠而来。

583年，隋文帝决定反击。他命令卫王杨爽等为行军元帅，分兵8路出塞迎击突厥。

是年，隋兵8路出击大获全胜，长孙晟反间计又卓有成效，突厥内部逐渐分化，矛盾不断升级，最后竟相互征战。

突厥各可汗都想寻求隋朝帮助以求和好，但隋文帝都视而不见，坐山观虎斗，让他们自相残杀，自我虚弱，最后收降突厥阿波部，逼迫突厥沙钵略寄居白道川，只限他在漠南活动。

独孤皇后

隋文帝杨坚的皇后姓独孤，是西魏北周柱国大将军独孤信的女儿，母家为山东姓崔的门阀世家。独孤氏自幼在家庭氛围的熏陶下受到儒教礼法的教育，言行举止大方得体。

杨坚建立隋朝后，独孤氏不遗余力地支持他的事业，内外政事都加以过问，提出的许多见解和观点都与文帝的意见相合，文帝对她既宠爱又有些敬畏。

581年十月，独孤氏表兄弟崔长仁犯罪应当处斩，文帝打算免他死罪，但独孤氏认为不能徇私枉法，败坏国家法度，便依法将崔长仁斩首。

独孤氏生性节俭，从不奢侈腐化，宫廷内外事务一切从俭，甚至一些必备衣料、药物都缺乏。

文帝借鉴北周亡国的教训，不敢将权势任意转借给外戚，独孤皇后也不为她的亲人请功邀赏，她的兄弟做官只不过当了将军、刺史而已。她只关心政治，匡扶帝业，在历史上可谓少之又少。

◎隋彩绘陶提瓶女俑

逸闻趣事

陈后主遇险登基

隋朝尚未统一全国时，南方陈国尚存。582年，陈宣帝病死，皇太子陈叔宝即将登基。此时，始兴王陈叔陵想趁机篡位。

宣帝死后第二日，陈叔宝扶棺痛哭，陈叔陵乘此机会砍伤陈叔宝的脚跟，又砍倒陈叔宝的母亲柳后、乳母吴氏。长沙王陈叔坚将其抓获，但又被其挣脱。

陈叔陵企图起兵谋反，但应者寥寥，最终被困无奈，便将自己妻子以及宠妾共7人杀死，自己带兵突围，想投奔隋朝，但被生擒，终究难逃灭顶之灾。

陈叔宝即位称帝，即陈后主。叔宝字元秀，小名黄奴，即位后喜近女色，好乐观舞，成为历史上有名的浪荡皇帝。

◎陈后主像。陈后主文采风流，但却是个昏君。

隋唐宰相制

在隋唐时期的官僚机构中，官品最高的是“三师”与“三公”。“三师”即太师、太傅、太保，正一品；“三公”为太尉、司徒、司空，也是正一品。但其实“三师”与“三公”都是名位高而无实权的虚职，不置僚属。

隋文帝代周以后，分割宰相的权力，确立三省长官并立为宰相的体制。尚书省的令、仆射，门下省的纳言，内史省的监、令，都称为宰相。

唐高祖武德三年（620年），改纳言为侍中，改内书省曰中书省，内史令曰中书令，以左右仆射为尚书省长官，与侍中、中书令并为宰相。

唐代相府机构变易之繁，宰相名称之多，为前代所少有。不过，变化虽多，仍以中书、门下、尚书三省为常制。

◎隋白釉官人抚剑俑。隋唐曾以军功来选拔宰相。

唐代的宰相选拔制度的基本特点是任人唯贤。唐初主要通过战功来选拔，从武则天开始则以科举制特别是进士科作为选拔宰相的主要途径。

宰相享有很大的权力，主要是参与军国大事及决定官吏任免，甚至拥有决定皇位继承人的人事权力。

隋凿广通渠

583年，隋朝迁入新都大兴城后，水路交通日渐繁忙。但大兴城地处中原，河流水位并不高涨。而作为漕运的主要干道的渭水，由于当地的水文地质原因，含沙量较高，河水周而复始地冲刷堤岸，使得在不同的河道中沉积了许多泥沙，航道很不通畅。

开皇四年（584年）六月二十一日，隋文帝诏令宇文恺组织水工开凿渠道。宇文恺是隋朝著名的建筑家，曾于582年主持规划和建设了新都大兴城，之后又营建了东都洛阳等宏伟工程。这次他又受命开凿渠道，引来渭水流经开挖的渠道。

开挖的渠道从大兴城东（今陕西西安北）到潼关（今陕西潼关）共300多里长，为的就是疏通漕运，有利于交通顺畅，这就是历史上有名的广通渠。

◎隋彩绘陶房。隋代兴土木，建筑与陶瓷手工也都有很大发展。

隋文帝整顿文风

自魏晋南北朝以来，文风多以文辞浮华、内容颓废为特点。在梁元帝时期，如庾信等一批文学家所写的宫体诗，讲究用词的绚丽，内容却非常低调沉闷，在堆砌词藻之外就是言而无实。这与当时出现的士大夫阶层的风气是分不开的。此阶层子弟不学无术，整日游嬉玩乐，腐败之风盛行。

584年九月，隋文帝下诏颁行全国，要求所有公私文稿都必须用平实的语言进行客观的表述和记载。泗州刺史司马幼之的上书文表刻意追求用词的华丽，言而无实，甚至被判罪量刑。隋文帝杀一儆百，以此来表示整顿文风的决心。

逸闻趣事　陈后主创作《玉树后庭花》

陈叔宝自幼无所事事，长大后好近酒色。登上陈国皇位后，他不理朝政，只想吃喝玩乐。584年，他下令修建临春、结绮和望仙三阁，三阁各高数丈，苑内积石为山，引水为池，装饰金玉珠翠。陈后主自居临春阁，妃子们住其他二阁，自此成日在苑内游嬉。

陈后主每次饮酒都命妃嫔、女学士与狎客相互唱和赋诗，以求刺激，并将其中艳丽之句汇编成乐曲，叫宫女演唱，常常通宵达旦。

正是在此期间，陈后主创作了《玉树后庭花》等乐曲，声调低沉哀婉。据说中国十大名典之一的《春江花月夜》也是在此时创作的。

◎隋代弹琵琶女俑。隋人爱好音乐，南朝人尤甚，后隋文帝以南朝音律修订雅乐。

隋灭陈·冼夫人奉岭南入隋

隋开皇八年（588年），进攻陈国。

建国之初，隋文帝便为灭陈作了积极的准备，此后又采取计策松懈陈国防备。而陈后主耽于享乐，听说隋军南下的消息，竟不以为意。

隋军长驱直入，顺利攻克陈国，陈国百官四处逃遁，陈后主藏在一口枯井中，被隋兵抓获。

进入陈都建康后，隋军将领发现陈后主床下那些京口报急的信竟然拆都没拆过！

589年，陈朝灭亡，标志着南北朝以来270多年的分裂局面结束，全国走向统一。

此时岭南地区还没有归附，岭南各郡共同推举高凉郡（今广东阳江）冼夫人作为各郡主帅，号称圣母，保护境内臣民。

陈朝灭亡后，晋王杨广让陈后主写信给冼夫人，要她归附隋朝。冼夫人阅信大哭，但最终派人迎来隋朝柱国将军，岭南各郡最终全都归附了隋朝。此后，冼夫人被封为谯国夫人。

◎隋五牙战船复原模型。在隋朝的统一战争中，水师起了很大作用。

征高句丽无功而返

隋开皇十八年（598年），隋文帝发兵30万征高句丽，损失惨重，无功而返。

隋文帝统一全国后，实行了一系列政治经济措施，社会经济出现繁荣景象；国力强盛，中央集权得到了巩固；边疆少数民族纷纷臣服。高句丽也归附了隋朝，经常遣使朝拜并献方物。

开皇十八年（598年）二月，高句丽王元率众万余侵扰辽西，被营州总管韦冲击败而走。隋文帝听说后大怒，以汉王谅、王世积并为行军元帅，发水、陆兵30万攻击高句丽；又设水军总管协调行动。

隋军一路出临渝关（今山海关），遇水位上涨，运输受阻，军中

◎高丽锻铁制轮壁画。高丽手工业也在发展，但终究忌惮隋朝强大的国力。

缺粮，疫病流行；一路从东莱（今山东掖县）出发，渡海赴高句丽平壤城，但途中遇大风，风浪将船吹翻吹走。两条线路均无功而返，死者十之八九，隋军元气大伤。

此时，高句丽王元也害怕隋朝强大的国力，于是遣使谢罪，上表称“辽东粪土臣元”，于是隋文帝罢兵，待高丽一如从前。

百济王昌曾遣使请求为隋朝当军事向导，协助隋军讨伐高丽。隋文帝不想再兴兵打仗，让其返回，但高丽从此以后很怨恨百济。

隋政府听任人民出家

佛教传入中国为西汉末年到东汉初年这一段时间，到了隋朝已有500余年历史。许多统治者都利用宗教来维护其统治权力，但北周武帝却致力于铲除佛、道两教。

杨坚建立隋朝后，下诏宣布境内的臣民可以随意出家当和尚，又命令营造寺塔，一时全国佛教风靡，民间流传的佛书比儒家《六经》还多数十倍。

佛教文化在隋朝盛极一时。

◎隋代阿弥陀佛坐像。隋代佛教兴盛，政府规定臣民可以随意出家。

隋文帝改革府兵制

隋开皇十年（590年）五月，隋文帝颁布诏令改革府兵制，实行兵农合一。

在改革之前，府兵与其家属、土地自成体系，不加入百姓的户籍，也不归属州县管理，所以军人家属很难管理，军人常常包庇本家，隐匿户口，不缴纳租税。

其实，在北周时，府兵制便开始逐渐地走向兵农一体化，但军人独立户

◎隋武士俑。隋代改革府兵制，实行兵农一体化。

籍，家属也居住于军队所在地附近。

隋文帝下令改革府兵制后，军人的户籍与农民一样，属于所在地的州县管辖。这样便使府兵具有军籍和民籍双重身份。军人及其家属依照均田制在各州县分配土地进行耕种。军人在和平时期与农民一样耕田作业；打仗时出征上前线，可以免除租税调役；同时，每年都必须轮流到京城驻防。

改革后的府兵，在统领上还是分为12个卫分领，但是卫分领的权力只限于监督在京城驻扎的府兵。同时，12卫还分别设置大将军，总体上对皇帝直接负责，受皇帝一人控制。

府兵制的改革，使国家兵源得到有力的保证，平时耕种，战时出征，减轻了国家对军队的财政负担。另外，这还削弱了各队首领之间的联系，有利于封建国家统治的巩固。

◎麦积山东崖上的隋代泥塑大佛。隋文帝提倡佛教，全国大造佛像。在这种风气下，麦积山石窟开始进入鼎盛期。

小文化辞典

麦积山石窟群

麦积山石窟在北魏北周时全面兴建，到隋唐五代便进入鼎盛时期。581年，隋文帝杨坚建立隋王朝，统一中国。此后，隋文帝就大力提倡佛教，诏令天下，鼓励出家修行，按人口摊派出钱营造佛像，民间佛经数量超过《六经》数十倍。在其统治的20年内，全国制作的佛像达10余万尊，修饰的佛像约150万尊。在这股风气下，麦积山石窟也开始进入其鼎盛期。

麦积山石窟因石质是不十分坚硬的砂岩，所以，大多数石窟内绘、塑相结合，其中壁画作为重要组成部分，有着它自身的特殊作用和魅力。隋代时在麦积山石窟绘制的壁画数量相对来讲不是很多，但是绘制都很精巧，技法也十分纯熟，尤其是在佛和菩萨以及供养人的描绘上，更多地注意对人物神韵的刻画。飞天翱翔于碧空之中，健美潇洒，宛若游龙；供养人显得活泼自然，富有生活气息；奔马驰骋于天际流云中，气氛热烈而紧张。用线熟练，色彩绚丽，显示出高超的水平。

麦积山石窟中的隋唐五代壁画和雕塑在中国石窟艺术的发展进程中占有非常重要的地位，它对中原地区石窟艺术的发展也曾经起过巨大的不可磨灭的作用，对研究那一段时期的社会史、宗教和艺术的发展史及中外经济、文化交流史等方面都具有重要的价值。

展子虔发展山水画

展子虔，生卒年不详，渤海（今山东省）人。约活动于6世纪后半叶，历北齐、北周，在隋任朝散大夫、帐内都督等职。擅长绘画，创作范围广泛，善画台阁、人物、鞍马、佛道、车舆、宫苑、翎毛、历史故事等。其足迹遍及大江南北，在洛阳、西安、扬州及浙江等地的寺观中作菩萨等壁画。所画物象，生动而富有情趣，颇为时人所重，与其时另一名画家董伯仁齐名，有“董展”之称。

展子虔善于创新，人物描法甚细，以色晕开面，善用紧密的线条，把所绘对象的性格特征和神态面貌表现得栩栩如生，为唐代人物画法开辟途径。画马注重描绘马的动态，所绘之马立者有走势，卧者则腹有起跃势。

展子虔影响最大的为山水画，传世《游春图》是现存古代山水画的重要作品，也是迄今所保存的最早的卷轴山水画，现藏于故宫博物院。画幅长80.5厘米，宽43厘米，绢本，青绿设色，卷前题鉴为宋徽宗赵佶手书“展子虔游春图”。

展子虔在山水画上所取得的成就及绘画方法，为唐画家李思训父子所取法，后世誉之为“唐画之祖”。

智永书法承前启后

隋代南北统一后，书法呈现碑帖合流的趋势。东晋“二王”书风，由

◎展子虔《游春图》。此图卷历来被视为中国山水画发展中一幅划时代的作品。卷长80.5厘米，高43厘米。画中春山平湖，游骑游艇，花树繁密，以山水作为构图的本体，人马、山树比例适宜，花草服饰随类赋彩，呈现富丽典雅的古拙美。这种画法至唐发展为青绿山水画法。

陈入隋，上下相效，初成规矩。隋代短短37年，奠定了书法史上“上承六代，下启三唐”的重要地位。智永是这一时期承前启后的书法家之一。

智永，南朝陈国僧人，书法家，名法极，俗姓王。他是王羲之的七世孙，俗号永禅师。《述书赋》载其住绍兴永欣寺。他学习书法30年，秃笔成冢。书以王羲之为师法，笔力纵横，真草兼备，绰有祖风。他在隋时书名卓著，据说当时求字者络绎不绝，将他居户门槛踏损，后用铁皮包门槛，人称“铁门限”。

中国文字的发展规律是：“由简到繁，由繁到简”。从甲骨文、金文发展到大篆，是由简到繁；由大篆到小篆，到隶书、楷书、行书，是由繁到简。智永对中国书法史所作的重大贡献就是从古代有隶书笔意的方笔逐步使用了楷书的圆笔，弘扬了“永字八法”，把唐代楷书的基本笔画确定了下来，使当时民间酝酿已久的书法改革迈进了一大步。

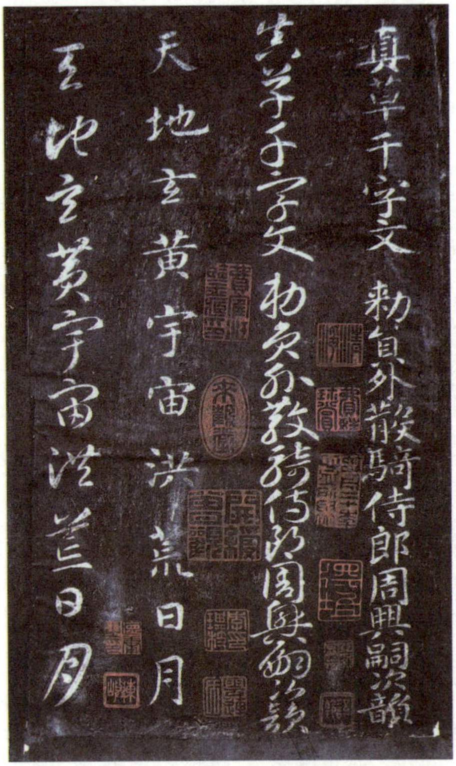

◎智永真草《千字文》。智永书法真则圆劲古雅，草则丰美匀适。真草《千字文》是智永传世的唯一真迹，现存日本。

智永的书法艺术奠定了楷书“永字八法”的基础，在中国书法发展史的大交响曲中奏出了清正的序曲。

卢思道、薛道衡开唐代诗风

隋代诗歌，是从南北朝向唐诗过渡的最初阶段。全国统一以后，南朝诗人纷纷入北，南北两地诗风也处在合流的状态。一批原属南朝的诗人聚集在宫廷，他们的宫廷诗歌沿袭了南朝绮丽浮艳的诗风。

此外，一些原属北朝的诗人为隋代诗坛带来一些刚健质朴的气息。卢思道和薛道衡的部分诗作即体现了这种诗风的合流趋势。卢思道（约531～582年），字子行，范阳（今属河北涿县）人。北齐时，曾任给事黄门侍郎。卢思道作《从军行》和薛道衡作《豫章行》，都采用拟古乐府诗的形式，表现征

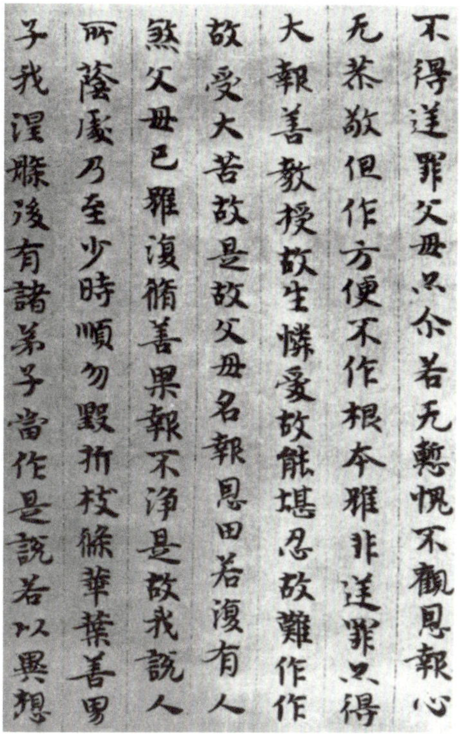

◎隋代经卷。隋代图书事业兴盛，此为卷轴式纸质墨写的写本书。

人、思妇的传统题材，寄予了一定的真实感受。其在形式上都采用了七言，语言清丽流畅，句法多用对偶，具有早期七言歌行的特色，初步昭示了唐代诗歌语言与格律的发展趋向。《从军行》描写征人思妇的离愁别绪，讽刺武将邀功求赏，是一首较好的边塞诗。薛道衡的代表作《昔昔盐》描写思妇孤独寂寞的心情，其中“暗牖悬蛛网，空梁落燕泥”一联最为脍炙人口，甚至传说是他引起隋炀帝嫉妒而被杀害的原因。

文化小辞典

天台宗

天台宗作为中国佛教的主要宗派，在隋唐时期由天台宗四祖智𫖮创立，因智𫖮常住浙江天台山而得名，又因天台宗以《法华经》作为其教义的主要依据，所以又称“法华宗”。

智𫖮（536~597年），俗姓陈，字德安，荆州华容人。他出身于南朝大官僚家庭，父母在梁末侯景之乱时死去。智𫖮18岁出家，到大苏山投于慧思门下修习禅法，后证悟法华三昧。陈太建七年（575年）率弟子入天台山建寺，修头陀行，天台宗由此建立。

天台宗的理论特征是强调“止观并重”，主张南北佛教学风融合。智𫖮提出“禅义双修、止观并重”的原则，要求僧徒既注重禅定修炼，又注重对佛学义理的研究，把“止观并重”作为宗教修养的最高原则。智𫖮所著《法华经玄义》、《法华经文句》、《摩诃止观》被称为天台三大部。

天台宗源于南北朝，创于隋，盛于初唐，智𫖮一生造大寺35所，度僧人4万，传业弟子32人，使天台宗成为社会上颇为壮观的一大宗派。

◎天台山国清寺大雄宝殿。天台宗因智𫖮常住浙江天台山而得名。

陆法言编《切韵》

隋代音韵学家陆法言于601年编成著名韵书《切韵》。陆法言是河北临漳人，相传他年轻时与刘臻、萧该、颜之推等8人讨论音韵，并由此编著成《切韵》一书。因为《切韵》吸取了以前诸家韵书的长处，形成了一套比较科学的音韵体系，容易被人接受，故唐以后广泛流行。到宋代，《切韵》的增订本《广韵》更是成为国家规定考试的标准用书。

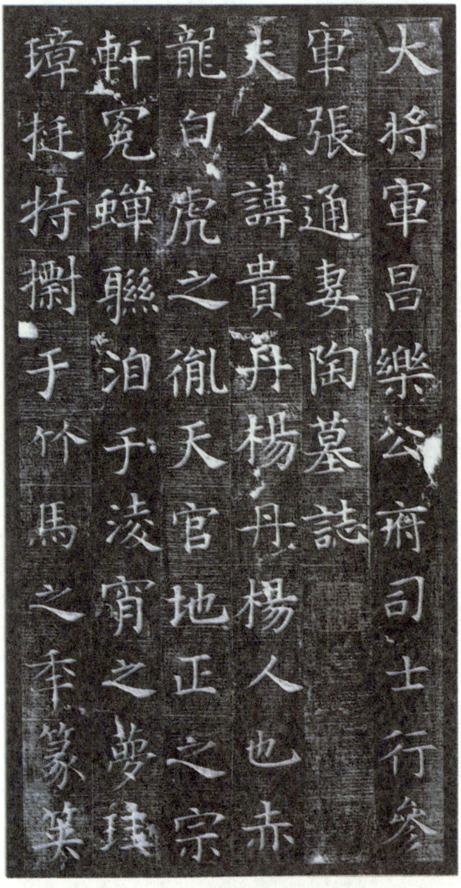

◎隋代墓志。图为隋代张通妻陶贵的墓志。

《切韵》收2500字，全书5卷，共分193韵。分韵的标准除了韵母的差异外，还考虑到声调因素，同一个韵母，声调不同也分成不同的韵。193韵的分配是平声54韵，上声51韵，去声56韵，入声32韵。

各韵之内的字按同音关系分成小组，这种小组后来通称小韵，小韵首字下用反切注出本小韵的读音和本小韵的字数。字的训释简略，常用字大多不加训释。

《切韵》原书已经失传，后世编写的不少增订本则流传至今。《切韵》分韵在诸家韵书中最为精密，问世不久就在韵书中取得了权威地位，唐初被定为官韵，影响历久不衰，数百年间增订本层出不穷，而其他韵书则湮没殆尽。

各代的流传与增订，使《切韵》成为一部能把自己的语音系统完整流传至今的最早韵书。

杨广弑父自立

隋仁寿四年（604年）七月，杨广弑父自立。

杨坚建立隋朝后，进行了政治、经济改革，完成了统一大业。开皇初民户不满400万，仁寿末则超过890

◎杨广像。杨广弑父后称帝，成为著名的暴君。

万。但杨坚生性多疑，功臣故旧无始终保全者，甚至自己的儿子都像是仇敌。后来他又听信谗言，废太子杨勇，立杨广为太子，从而酿成大错。

仁寿四年（604年）正月，文帝将大小事情都托付给太子杨广。四月卧病，七月病危。当时杨素、柳述、元岩等人都入宫侍疾，杨广入居大宝殿。

杨广怕文帝有新的考虑，急不可耐地给杨素写信，谋划继位。杨素回了信，但回信被宫人误送到文帝手中，文帝大怒。同时，文帝还发现杨广在宫里企图奸污他的宠妾宣华夫人。文帝这才下决心废掉太子广，于是令柳述、元岩召回故太子勇，准备让他继承皇位。

杨素得知这一消息，立即报告杨广，杨广马上伪造圣旨，逮捕柳述和元岩，把自己的心腹派到宫里，宫门由他的亲信宇文述等控制，并将后宫的人遣往别处。

待一切布置妥当，杨广派张衡进宫，十三日杀死文帝，“血溅屏风，冤痛之声闻于外”。二十一日，杨广即位，是为隋炀帝。同时派杨素弟杨约入长安，矫饰文帝诏书，赐故太子勇死，缢杀之。

小人物辞典

杨素

杨素（？～606年），字处道，弘农华阴（今属陕西）人，士族出身，北周武帝时任司城大夫等职。隋文帝灭陈时，他率水军从三峡东下，因功封越国公。

◎隋代捧罐女俑。女俑双手捧一小罐，恭谨而立，似在等候主人的吩咐。

开皇十年（590年），镇压荆州和江南各地的反隋势力，后又亲率大军多次平定突厥对北部边境的骚扰，功绩卓著。

杨素因受隋文帝的信任，权倾一时。协助杨广废太子杨勇后，杨素权威更盛。仁寿二年（602年），大理寺卿梁毗见杨素专权，担心他会成为国家祸患，于是上书文帝。文帝读罢大怒，将梁毗下狱。但梁毗极言杨素“擅宠弄权，将领之处，杀戮无道”，于是文帝释放了他。同年十二月，下令杨素“不可躬亲细务，但三五日一向省，评论大事”。外示优崇，实夺其权。在文帝统治的最后几年，杨素不再通报省事。杨广登基后，对杨素也是外示殊礼，内情甚薄。

◎隋代文吏俑

隋炀帝营建东京

隋仁寿四年（604年）十一月，隋炀帝杨广下令于伊洛（今洛阳）营建东京。

隋炀帝营建东京洛阳是有其多方面的考虑的：从政治上看，是为了便于对关东和江南地区的控制；从经济上看，是因关中物资不足以供应统一后隋朝中央政府所需，洛阳地位适中，转运财货比较便利，路程也远比长安为短；而自北魏孝文帝以来，曾定都于洛阳，经济发展和商业繁荣都有了一定的基础。

大业元年（605年）三月，炀帝任命尚书令杨素为营建东京大监，纳言杨达、将作大匠宇文恺为副监，开展了大规模的营建工程。经过约一年时间，到大业二年（606年）初建成。

东京城周长55里，建制仿西京长安，城分宫城、皇城及外郭城三重。

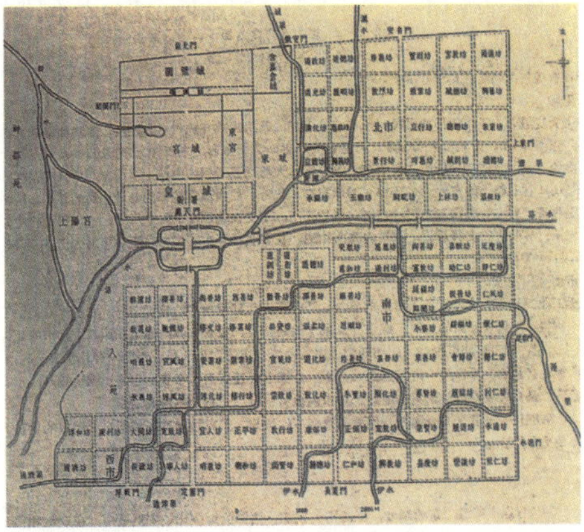

◎隋洛阳城平面图。公元604年，隋炀帝于伊洛（今洛阳）营建东京。

宫城是宫殿所在处，皇城是文武官司所在处，外郭城就是大城或称罗城，是官吏私宅和百姓所在处。

为保证东京的供应，大业二年（606年），炀帝下令在东京附近新置了兴洛及回洛两个大粮仓，储粮几十万石。建成后的东都，不但具有重要战略意义，而且成为全国除西京长安外又一政治、经济、文化中心及南北交通的枢纽，和长安并称“二都”。

隋代开凿运河·沟通南北交通

隋朝为了巩固政权和统一的局面，在政治上要进一步控制新统一的东南地区，加强对南方的统治，同时为了解决南粮北运问题，隋王朝利用天然河流和旧有渠道，开凿横贯诸水、贯通南北的运河。当然，隋炀帝开运河还有他想去江南巡游享乐的个人动机。

隋朝大运河的开凿始于隋文帝时代，即广通渠的修建。隋炀帝修建的大运河，工程分4段进行。大业元年（605年）开始，隋炀帝征发百万余民工，在北方修通济渠，同时又修建邗沟。大业四年（608年）征发民工100多万人开永济渠。大业六年（610年），在长江以南开了一条江南河。前后用了不到6年的时间，大运河的全线工程告成。

隋朝大运河沟通了海河、黄河、淮河、长江、钱塘江五大河流。它以东京洛阳为中心，西通关中盆地，北抵华北平原，南达太湖流域，通航的范围大大超过以往。这条大运河长达4.8千里，是世界上伟大的工程之一。

隋炀帝开运河给人民带来了沉重的负担和巨大的灾难。但是，大运河修成后，南北交通有显著的改进，它成了南北交通的大动脉，加强了南北的联系，对于中国经济文化的发展起了很大作用。

◎无锡运河。至今仍在发挥作用的无锡运河穿城而过，河上舟楫往来，一片繁荣景象。

小人物辞典 建筑家宇文恺

宇文恺（555~612年），隋朔方（今陕西靖边北白城子）人。字安乐，北周宇文氏之后。出身于武将世家，他喜好读书习文，多技艺，号为“名大公子”。

隋初，文帝想迁都城，因为宇文恺有巧思，下诏领营新都副监，一年后建成隋新都大兴城，其规划设计全部出于宇文恺之手。并曾征发民工，开凿广济渠，决渭水达黄河，以通漕运。后被拜为仁寿宫监，与杨素一起营造仁寿宫，因其过于壮丽豪华，文帝为之动怒。独孤皇后死后，文帝命令宇文恺营造山陵，建成后，文帝称好。炀帝继位后，迁都洛阳，以宇文恺为营东都将作大匠。他因炀帝喜好宏伟奢侈，所以将东都建造得极其壮丽，炀帝非常高兴。炀帝北巡，宇文恺为之造作大帐，其下可坐数千人，又造观风行殿，能容侍卫数百人，下装轮轴可推移。

宇文恺建筑成就卓著，撰有《东都图记》20卷、《明堂图议》2卷、《释疑》1卷传世。他与阎毗、何稠被称为隋代三大建筑家，并位居其首。

◎扬州段运河。隋炀帝开运河给人民造成了巨大的灾难，但大运河对我国经济文化的发展起了很大作用。

何稠新创制玻璃法

西汉时由大月氏国传入的玻璃器皿和烧造玻璃的方法到隋朝已经失传。于是，重新研究玻璃制造法的重任落在了擅长机巧制作的何稠身上。何稠在研究烧制陶器、琉璃等工艺的过程中，将琉璃加以改进，发明了吹制法。至此，新的玻璃烧制法诞生了。后世称这种方法为“何稠新创制玻璃法”。

何稠新法吹制的玻璃在唐代已有大进步，品质已有较大提高。陕西三原、甘肃泾川、黑龙江宁安、辽宁朝阳等地都曾零星出土了一些唐代玻璃器皿，但数量甚少，且含铅量极高，最高竟达65.51%，属于高铅玻璃；三原出土的玻璃瓶含铅46.65%，含钠

◎隋玻璃瓶。何稠重新研究玻璃制法，创吹制法。

10%，属于钠铅玻璃。1985年5月陕西临潼唐代塔基出土的玻璃果、玻璃瓶等，其形制皆为中国传统式样，采用吹制法制成。尤其玻璃呈浅绿、浅黄色，半透明，器壁极薄，制作技艺高超。

何稠吹制玻璃法对后世玻璃器的制造产生了极大影响，也奠定了现代玻璃吹制法的基础。

《皇极历》·二次内插法

隋大业元年（605年）八月，隋代天文学家、算学家刘焯制定《皇极历》。

刘焯（544～610年），信都昌亭（今河北冀县）人，刘献之三传弟子，传其毛诗学。又受《礼》于熊安生。与刘炫齐名，时称“二刘”。精通天文，著有《稽极》10卷、《历书》10卷及《五经述议》等书。曾奉命与刘炫考定洛阳石经，在辩论时责难群儒，因受谤免职。

◎隋代含嘉仓。隋代广置仓窖，可见社会物资财富积累的丰盈。在此基础上，文化、科技都得到了很大发展。

隋炀帝继位后，刘焯被征用，后制定《皇极历》。《皇极历》是当时最好的历法，有许多革新和创制。刘焯不但考虑月亮视运动不均匀性，还考虑到太阳周年视运动不均匀性，而且开始用较合理的二次内插法公式来计算定朔校正数。

二次内插法的创立，无论在天文学史上还是在数学史上都是极为重要的。二次内插法使得用多项式逼近各种复杂的函数成为可能，在理论上具有重大价值，成为数值分析的核心内容之一。刘焯的工作对后代的历法研究产生了深远的影响，直到明代《大统历》都用二次内插法进行计算。而印度于628年使用了等间距二次内插法，晚于刘焯。阿拉伯人在11世纪、欧洲人在17世纪才开始使用二次内插法。

在《皇极历》中，刘焯又改岁差为75年差1度，比虞喜和祖冲之的推算更接近实测值（今测为每隔76.1年差1度。当时欧洲还沿用100年差1度的数据）。

刘焯在推算日行盈缩，黄、月道损益及日、月食日期方面均比前代历法精密，并在造历过程中首先用定朔法代替了以往使用的平朔法，这是中国古天文史上的一项重大变革。

《皇极历》曾在理论上提出测量子午线长度的方法，目的在于否定过去所谓“表影千里差一寸”的说法。《皇极历》在唐代成为李淳风制《麟德历》的依据。总之，刘焯定《皇极历》是中国天文史上的一大进步。

“二刘”倡经学

隋朝开国之初，隋文帝大力提倡儒学，虽然政策有所波动，但大体上说，隋代经学是沿着融合南北经学的总势向前发展的。其中刘焯、刘炫是提倡并推动隋代经学发展，为唐代经学奠定基础的代表人物。

刘焯，字士元，信都昌亭（今河北翼县）人，生于544年，卒于隋炀帝大业六年（610年）。刘炫，字光伯，生于581年，在隋朝末年的战乱中冻饿而死。他俩在当时齐名，被称为“二刘”。

刘焯的著作有《稽极》、《历书》、《五经述义》；同时，他对天文学的发展也有一定贡献。《隋书·儒林》说几百年以来的博学通儒，没有人能超过他。

刘炫也是一位学通南北、博极古今的大儒，自称《六经》无所不通。著作有《论语述议》、《春秋攻昧》、《五经正名》、《孝经述议》、《春秋述议》、《尚书述议》、《毛诗述议》、《注诗序》和《算术》等行世。从著作中可以看出他学识深邃渊博。

◎隋代备骑出行壁画。此图绘4人身着圆或翻领衫袍，并肩站立。其中二人执高柄行灯，一人执高柄伞，一人执高柄扇。

由于“二刘”学识渊博，致使“天下名儒后进质疑受业，不远千里而至者，不可胜数”。隋代经学之风在他们的倡导之下一时大盛。

科举制形成

大业二年（606年），隋炀帝杨广开进士科，确立科举制度。

科举制度作为封建统治阶级选拔人才的方法，萌芽于南北朝，开始于隋，而成型于唐。南北朝时期，举孝廉、举秀才等察举方式代替了按门第选官的方式。隋文帝时正式取消了九品中正制，使官吏的任用不再受门第的限制。至606年，隋炀帝确立科举制度。

裴矩撰《西域图记》

裴矩约于隋大业元年至二年（605～606年）撰成《西域图记》。

裴矩（？～627年），字弘大，河

◎科举考试图。公元606年，隋炀帝开进士科，确立科举制度。

东闻喜人，隋代著名的地理学家。隋炀帝为了打通西域，以裴矩为黄门侍郎，驻在张掖（今甘肃），并往来于武威、张掖之间，以主持与西域的联系及商业交通事宜，也兼管与西方各国的通商往来。裴矩向西域商人了解诸国情况，搜集了诸国政教、风俗、姓氏、服章、山川、交通、物产等资料，撰成《西域图记》3卷。在《西域图记》的序言中，记载着以敦煌为总出发点，到地中海的3条大道。敦煌是由内地到西域的咽喉，而伊吾（今新疆哈密县）、高昌（今新疆吐鲁番）、鄯善（今新疆罗布泊西南）则分别为3条大道的起点。3条大道即北道，在天山北路，由伊吾经蒲类海、铁勒等部至西海；中道即天山南路的北道，由高昌、焉耆（在今新疆）、龟兹（今新疆库车）等地而至西海；南道即天山南路的南道，由鄯善、于阗（今新疆和田）、朱俱波等地而至西海。其中的中道和南道，越过葱岭后分别到达波斯（今伊朗）和拂菻（即古代罗马帝国）等西亚、欧洲各国，是历史上有名的“丝绸之路”。

◎敦煌飞天壁画。隋唐与西域各地频繁联系，留下了大量文化遗产。

《西域图记》记载详确，为《隋书·西域传》所本。原书已亡佚，序言存《隋书·裴矩传》中，是研究中国古代中西交通的重要文献。

中日官方交往

隋大业三年（607年）八月，日本派遣小野妹子出使隋朝，从此中日两国开始了频繁交往。

隋代称日本为倭国。大业三年（607年），日本派遣小野妹子为大使，鞍作福利为通事，携国书出使中国，并带来学问僧数十人来学佛，商谈有关日本人来中国传习佛经事宜。

大业四年（608年），隋炀帝派遣文林郎裴世清回访日本，日本举国欢迎，十分隆重。天皇特意派吉士雄成率30艘大船前往筑紫迎接。隋使裴世清进入日本京城后，日本皇太子及诸王臣僚身着礼服，以最庄重的礼仪接待中国使

◎小野妹子画像。公元607年，日本派遣小野妹子出使隋朝，从此中日两国频繁交往。

者。临别又举行了隆重的送别宴会。

当裴世清回来时，日本再派遣小野妹子携4名学生随同来隋，并派高向玄理等8人来学佛法。这些留学生在长安学习时间很长，有的达二三十年之久。他们中如高向玄理等，回国后大力宣传中国文化，对日本的文化革新曾起过重大的作用。这些留学生把日本的文化带到中国，又将丰富多彩的中国文化不断地传入日本，增强了中日双方的经济文化交流。

但到了大业四年（608年）三月十九日，倭王多利思比孤给隋炀帝送来国书，国书中说：“日出处天子致书日没处天子无恙。”隋炀帝看后不高兴，便对鸿胪卿说：“蛮夷书无礼者，勿复以闻。”

常骏出使赤土

隋大业四年（608年），常骏出使赤土。

赤土，即今天马来半岛。其国遣使来隋，向隋炀帝示好。大业四年（608年）三月，炀帝募人前往海外，屯田主事常骏、虞部主事王君政等应募前往赤土。

常骏给赤土带去5000段锦物。十月，常骏等自南海（今广州）乘舟出发，经过20多天的海上航行，到达赤土国。赤土王利富多塞遣使婆罗门鸠摩罗用船30艘来迎接，吹奏鼓乐，接

◎隋代套环“贵”字纹绮

待十分隆重，并送给隋朝金芙蓉冠、龙脑香等特产，且将国王的函书用金封好，遣其子随常骏回到隋朝。

大业六年（610年），炀帝会见其使者，并回赠许多物品。从此，两国建立邦交，互通使节。

常骏出使赤土，为中马两国的关系发展作出了贡献。

小人物辞典

大儒王通

王通（580～617年），字仲淹，谥号文中子，绛州龙门（今山西河津）人，出身于儒学世宦之家，从小深受儒家思想熏陶。

仁寿三年（603年）王通西游长安时，曾向隋文帝献“太平十二策”，不见纳用，就退居黄河、汾水之间，以授徒自给，有弟子千余人，时称“河汾门下”。讲学的同时，王通深入研究《六经》子史，用8年多时间著成《续六经》（亦称《王氏六经》）。该书共80卷，意在振兴儒学。此后王通名声大噪，求学者络绎不绝。其实，更能代表王通哲学成就的著作是他的门人记录整理的《中说》（亦称《文中子》），后者是对前者的深化、完善及具体化。

王通主张儒、佛、道三教合一，以儒学为基础，提出“天者，统元气焉”，认为天是元气组成的自然之天，同时又相信有“天神”存在。这种“三教可一”的命题，王通认为可以作为儒学改革发展的外部动因。

道德修养方面，王通提出“穷理尽性”的命题。他把知命、穷理、尽性当作一个完整的修养过程，而这一过程既吸收了儒学的正心、诚、闻过等主张，也吸收佛道之人的无辩、无争、寡言、静、戒等思想。

教学实践中的成功，更促使王通去探讨新问题，运用新方法，为适应时代的“新儒学”打下基础，从而使隋唐的儒学从传统的汉魏南北朝经学与玄学中脱胎出来。王通也因此成为儒学明确吸收佛道思想，向宋代理学过渡的重要先驱人物。

◎隋代伎乐壁画。隋代文化昌盛，各种文化艺术异彩纷呈。

赵州桥建成

隋朝大业年间（605～617年），李春等匠师主持完成了赵州桥的修建。

赵州桥横跨在河北省赵县洨河之上，又名安济桥，是世界上现存最古老的单孔敞肩式石拱桥，至今已有1400多年历史，经受了多次大地震的考验，依然挺立，被誉为“天下之雄胜”。

赵州桥为单孔敞肩式，拱券为半圆弧的一部分，净跨度是37.37米，券高7.23米，坡势平缓，利于车马通行。在大拱的两边，对称嵌有4个小拱，可使山洪急流通行无阻，既减轻洪流对桥的压力，也减轻了桥自身的重量。4个小拱的设置可称得上是空前创举。

赵州桥是由平行并列的28道拱圈构成，对于桥台和桥墩之间略有的不同升降有着较大的适应能力。其主拱宏大，弧度平缓，4个小拱具有对称

◎赵州桥。赵州桥建于隋大业年间，是世界上现存最早、保存最完善的古代敞肩石拱桥。

美。桥上两侧有42块石栏板，栏板上雕有龙兽、花草等图案，刻工精丽，形态逼真，更增加了赵州桥轻盈秀美的风韵。

赵州桥开创了敞肩式拱桥形式，以4个小拱的独特设计等巨大成就极大地推进了中国建筑技术的发展。它的手法为后代普遍继承。直到现在，赵州桥的技术还为现代钢筋混凝土桥梁所广泛应用。

房山石经始刻

◎房山石经藏经洞。房山石经是佛教石经中规模最大、历史最久的文化珍品。

佛教石经中规模最大、历史最久的文化珍品房山石经，存于北京房山县云居寺石经山。该山高约500米，共开凿有9洞，分上下2层，下层2洞，上层7洞。其中开凿最早的雷音洞，原作经堂，即石经堂，有可启闭的石门。另外8洞在贮满石经后以石塞炉熔铁锢封。至辽金时，又在山下云居寺西南角开挖两处地洞，埋藏石经后两洞合二为一，并在其上建压经塔镇住。

房山石经始刻于隋大业年间（605～617年），由静琬（即智苑）继承其师慧思遗愿发起刻造。到唐贞观十三年（639年），静琬圆寂时，已刻完经石164块，包括《涅经》、《华严经》，以及嵌于雷音洞四壁的《维摩经》等。继承静琬刻经事业的弟子可考者有所谓导公、仪公、暹公和法公4人。

唐开元年间，静琬的第四代弟子惠暹得到帝室的支持，在雷音洞（石经堂）下开辟了两口新堂，镌刻石经。

中晚唐时期，由于当地官吏的支持和佛教信徒的施助，先后刻有石经100多部，经石4000多块，分藏于9个石洞。石经刻造在唐末五代战乱时陷于停顿，至辽代继续镌刻。

亭阁式石塔出现

隋大业七年（611年），在山东省历城县柳埠村青龙山麓建成神通寺石

◎山东济南四门塔。四门塔是我国现存最早的石塔，开创了亭阁式的塔体造型。

塔。塔身平面呈正方形，每面宽7.38米。单层，高15.04米。因四面均辟有拱门，故俗称“四门塔”。

塔全部用青石砌成，塔檐挑出5层，层层收缩形成截头方锥形攒尖式塔顶。顶上立刹，为方形须弥座，四角饰以山花蕉叶，正中立刹，拔起相轮，和云冈石窟浮雕塔刹完全相同。塔内有粗大的石砌中心柱，柱四面各有佛像一尊，刻工精细，造型生动，内部整体形式同中心柱型石窟极为类似。

石塔采用亭阁式造型，中柱、飞檐、尖刹，风格朴素简洁，同当时模仿木结构装饰的砖石塔情态迥异，自有其特色。

四门塔是中国现存最早的石塔，它开创了亭阁式的塔体造型，是中国古代塔建筑中的一朵奇葩。

人物小辞典

音乐理论家郑译

魏晋南北朝以来，由于民族间和地域间音乐文化交流的扩展，音乐实践中宫调方面的差异自然显露，反映到音乐理论方面，有时甚至产生相当激烈的争辩。这种情况，在《隋书·音乐志中》有具体的反映。

音乐理论家郑译，开封（河南开封南）人，从乐学方面解释了问题的症结，并发表了见解。郑译说，隋宫廷音乐和龟兹乐都是一均之中有七声，即都有七声音阶，但两者并不完全对应。他认为，用龟兹音乐的七个音阶音（七调）来勘校中原的“七声”，只是“冥若合符”（指模糊相符，大体一致），这可能指的是高音上有细微差别。

郑译按照龟兹音乐理论，并继承了周、汉代的传统音乐理论，主张采用七声音阶，在十二律的每一律上建立七声调式音阶，就可以形成84种调式音阶，实现完满的旋宫。郑译还说服了苏夔等人，使他们放弃了采用五声音阶的主张，他的音乐理论得到众人的认可。

◎隋代哀思女俑

隋炀帝三击高句丽

隋炀帝杨广炫耀武功，于大业八年至十年（612～614年），3次大举进攻高句丽，耗费无数，给人民带来沉重灾难。

大业八年（612年）正月，炀帝下诏誓师进攻高句丽。陆路左右各12军，共113万多人，号称200万。七月，隋军至萨水（清江川），高句丽从背后攻击隋军，隋军大败，溃不成军。炀帝只得于八月下令班师，在所得高句丽地设置了辽东郡。

大业九年（613）正月，隋炀帝再次下令征各地兵集于涿郡，准备再进攻高句丽。四月，炀帝派宇文述与上大将军杨文臣进军平壤，左光禄大夫王人恭出扶馀道。隋军进攻辽东，而高句丽应变抗拒隋军，20多天也攻不下来，双方死伤惨重。

这时礼部尚书杨玄感叛乱，炀帝只好立即班师，隋军被高句丽军追击，数千人被杀。

◎高丽礼佛等图像。隋曾多次远征高丽。

大业十年（614）二月，炀帝下诏再征天下兵，以击高句丽。但此时国内农民起义此起彼伏，再无力远征了，炀帝只好作罢。

炀帝三征高句丽，穷兵黩武，举国就役，田亩荒芜，终于激起人民的反抗，导致隋朝的灭亡。

天下大乱

隋炀帝为征伐高句丽，调兵征粮，举国就役，扫地为兵，致使民不聊生，义军纷起。河东的涿郡和山东的东莱是隋进攻高句丽的军事基地，这一带人民负担最重，加之水旱灾荒不断，因此农民起义首先在山东爆发。

大业七年（611年），山东人王薄率众于长白山（今山东章丘县境）起义，自称知世郎，作《无向辽东浪死歌》以相号召。

同年，窦建德率200人在清河漳南（今山东武城东北）起义。

◎鉴楼。扬州观音山是隋炀帝极奢声色的“迷楼”所在地，后人引以为鉴，便在迷楼被焚后的旧址上建了“鉴楼”。

东郡韦城（今河南滑县东南）人翟让也于同年在瓦岗（今河南滑县南）起义，与单雄信、徐世勣等占据瓦岗，手下有万余人，大多是善用长枪的渔猎手。

此外，其他各地人民也纷纷起义，几年之间，各地义军已达数十万，天下大乱。

隋炀帝三游江都

隋大业元年至十二年（605～616年），隋炀帝杨广三游江都，游山玩水，炫耀武力，巡幸地方。

大业元年（605年），炀帝率20万人从通济渠去风景秀丽的江都（今江苏扬州）巡幸。炀帝偕皇后、嫔妃、贵戚、朝官及僧道从洛阳乘船南下，自己和后妃乘坐长200尺、高4层的龙舟，龙舟内设宫殿和朝堂，中间二层房间全用金玉装饰，另外还有高3层的水殿（豪华游船）9艘。其他人分乘黄蔑舫、朱鸟航、苍螭航、玄武航、青凫舸、凌波舸，五楼、三楼、二楼船等各色船只，总计5200多艘。船头船尾相接，有200多里长，仅拉纤壮夫就有8万多人，还有大队骑兵夹岸护送。船上的人饮酒享乐，夜晚灯火通明，鼓乐之声数里可闻。沿途500里内的百姓，都被迫贡献珍贵食品。巡游队伍所过之处，像蝗虫一样把沿途百姓刮得精光。

◎隋炀帝巡游江都图。隋炀帝三次巡游江都，给人民造成了巨大的灾难，第三次巡游便成了他的死亡之旅。

从江都回洛阳的时候，炀帝率众走了陆路，又命令盛修舆辇、旌旗、羽仪，耗费巨大。

大业六年（610年），炀帝二游江都，令王世充领江都宫监，大造宫室。

大业十一年（615年），炀帝想三游江都，因旧船已在遭遇杨玄感兵变时焚毁，于是命令在江都再造几千艘船，而且要比旧船更大更美观。

隋炀帝在位12年，到处巡游占了11年，包括北出长城，西巡张掖，南游江都，史称其“靡有定居”。巡游途中，靡费无数民脂民膏，最终人民再也活不下去了，于是纷纷起义。隋炀帝的第三次江都之游，便成了他的死亡之旅。

李渊起兵

隋大业十三年（617年）五月，李渊起兵反隋。

李渊（566～635年），祖籍陇西

成纪（今甘肃秦安），一说陇西狄道人，一说钜鹿郡人。西魏八大柱国将军之一李虎之孙，世袭唐国公。娶窦氏，生四男：建成、世民、玄霸、元吉。一女嫁柴绍。

大业十二年（616年），李渊任太原留守。李渊见隋朝将亡，乘机发展势力，准备夺取政权。他令长子李建成“于河东（今山西永济）潜结英俊”，次子李世民“于晋阳（今山西太原西）密招豪友”，并募兵万计，准备反隋。

大业十三年（617年），李渊建大将军府，自称大将军。七月，李渊发兵晋阳（今山西太原），准备攻入关中。李渊以李元吉为太原太守，留守晋阳宫，自己与李建成、李世民率兵3万攻击晋阳，并请突厥出兵以振声势。八月，李渊父子率兵西进，取霍邑。九月，围河东。李渊留诸将围河东，自己引军西趋长安。李渊到朝邑（在关中蒲津桥西），关中士民多归附。李渊令李建成、刘文静率军数万人屯永丰仓，守潼关以备河东兵，又令李世民率军数万在渭北作好攻击长安的准备。

◎唐高祖李渊画像。公元617年，李渊起兵反隋。

十一月，李渊集诸军20余万围长安，攻克长安后，与民约法12条，全部废除隋的苛政。

李密投瓦岗·瓦岗军由盛转衰

隋大业十二年（616年），李密投奔翟让领导的瓦岗军。李密（582～618年）出身于贵族之家，少有才略，曾为隋炀帝侍卫，后称病自免。因参与杨素之子杨玄感的兵变，失败被捕，但押送途中逃脱。

大业十二年，李密辗转投奔瓦岗军，并劝说王当仁、王伯当、周文举、李公逸等小股义军并入瓦岗军；又为翟让设计先破金堤关（今河南荥阳东北）及荥阳诸县，以足军粮。由于策略得当，瓦岗军连连获胜。

大业十三年（617年）二月，李密自号魏公，拜翟让为上柱国、司徒、东郡公。四月，隋将裴仁基以虎牢降李密，秦叔宝、程咬金、罗士信等率众归附李密。

同年十一月，李密设宴杀了翟让，从此瓦岗军将佐各存疑惧，瓦岗军力量大为削弱。

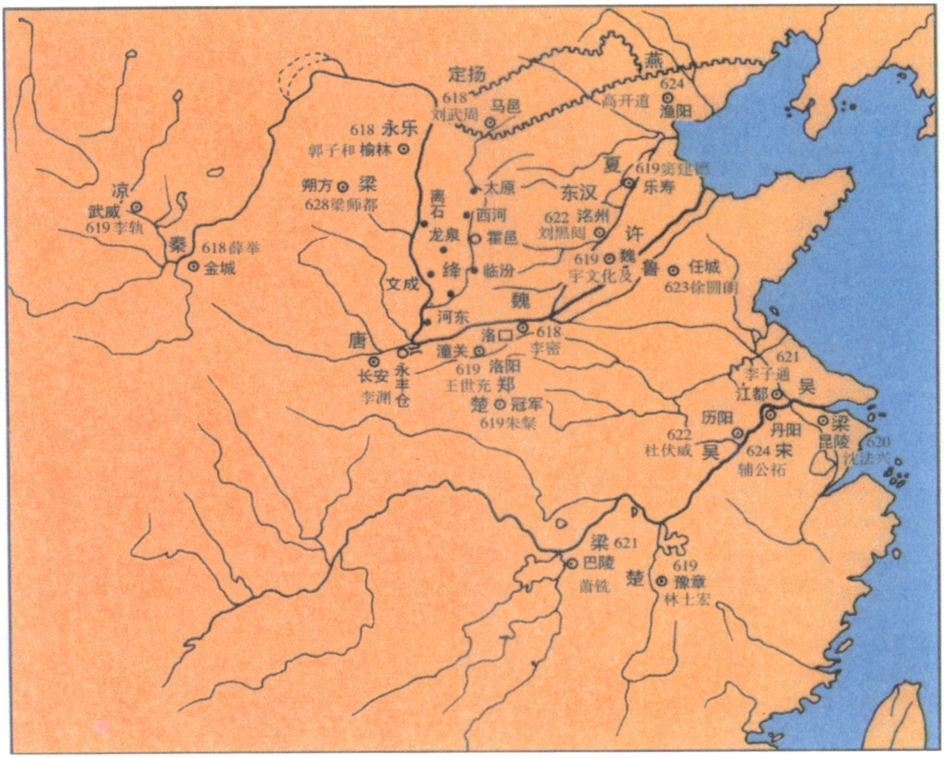

◎隋末群雄割据图。自公元611年起，各地起义不断，天下大乱，群雄割据。

隋炀帝死·隋亡

隋炀帝第三次到江都以后，荒淫益甚，叫王世充挑选江淮美女送到宫中，终日醉酒狂饮，唯恐不足。

天下大乱，炀帝也忧惧不安，经常拿着镜子自照，对萧后说：“好头颅，谁当斫之！”此时，炀帝无心北还，想定都丹阳（今南京），但从驾士兵大多是关中人，久别乡里，私下里想逃归，虽严禁而不止。

618年三月，隋炀帝近臣10余人密谋结党西逃，宇文智及听说后献计：叛逃实自取灭亡，不若乘机图帝王之业。于是众人推宇文智及和其兄宇文化及为主，引兵入宫，列举炀帝罪状，想杀死他。炀帝叫人取来毒酒，想要自尽，未能获准，于是他自己解下练巾，授予来人，使人缢杀自己。同时被杀的还有炀帝之子及隋宗室、外戚等，只留秦王浩未杀，众人借皇后命令立秦王浩为帝。

宇文化及自称大丞相，夺取江都百姓船只，带兵北上，声言要打回长安。隋朝自此灭亡。

唐

● 公元618年
李渊称帝，建元武德，唐朝建立。

● 公元626年
李世民发动玄武门之变，登上帝位。

● 公元630年
唐大破东突厥颉利可汗。

● 公元641年
唐蕃和亲，文成公主入藏。

● 公元644～645年
唐太宗征高丽无功而返。

● 公元649年
唐太宗逝，李治即位。

● 公元651年
《唐律疏议》颁布。

大事记　● 公元618～651年　● 公元662～730年

公元618～公元901年

● 公元662年
薛仁贵定天山。

● 公元663年
唐平定百济。

● 公元673年
唐平定高丽。

● 公元690年
武则天称帝，改唐为周。

● 公元710年
金城公主和蕃。唐设置节度使。

● 公元712年
李隆基即位，是为唐玄宗。

● 公元730年
吐蕃重归于唐。

● 公元742年
西突厥降唐。

● 公元753年
鉴真东渡日本。

● 公元755年
安史之乱爆发。

● 公元757年
回纥兵助唐收复长安。

● 公元778年
郭子仪破吐蕃兵。

● 公元780年
推行两税法。

○ 公元742～780年

○ 公元792～901年

● 公元792年
宦官开始专掌军政。

● 公元808年
牛李党祸开始。

● 公元835年
甘露之变。

● 公元843年
唐定回鹘。

● 公元880年
黄巢攻入长安。

● 公元901年
朱全忠开始专唐政。

李渊称帝建唐

隋恭帝义宁二年（618年）五月，隋恭帝禅位于唐，逊居代邸，封酅国公，唐王李渊在长安即位称皇，建元武德。罢郡置州，以太守为刺史。推王运以唐为土德，色尚黄。

同月，令裴寂、刘文静等修定律令，根据开皇律令而进行损益，尽除隋大业年间所用峻法。

六月，唐高祖以李世民为尚书令。同月，立世子李建成为皇太子，李世民为秦王，李元吉为齐王。

七月，郭子和从榆林郡（今内蒙托克托西南）派使者到长安，请求归唐。郭子和在隋末起兵以后，势力逐渐发展壮大，后在众人的拥戴下自称“永乐王”。他看到唐军势力强大，于是请求归唐。李渊非常高兴，接受了郭子和的请求。

李渊称帝后，很快制定方针，巩固关中，逐步消灭割据势力，诱降与武力并举，远交近攻，各个击破。在以后7年间，先西北，后东南，陆续消灭众多割据政权，基本控制了全国。至贞观二年（628年），消灭依靠突厥的朔方梁师都后，唐彻底统一全国。

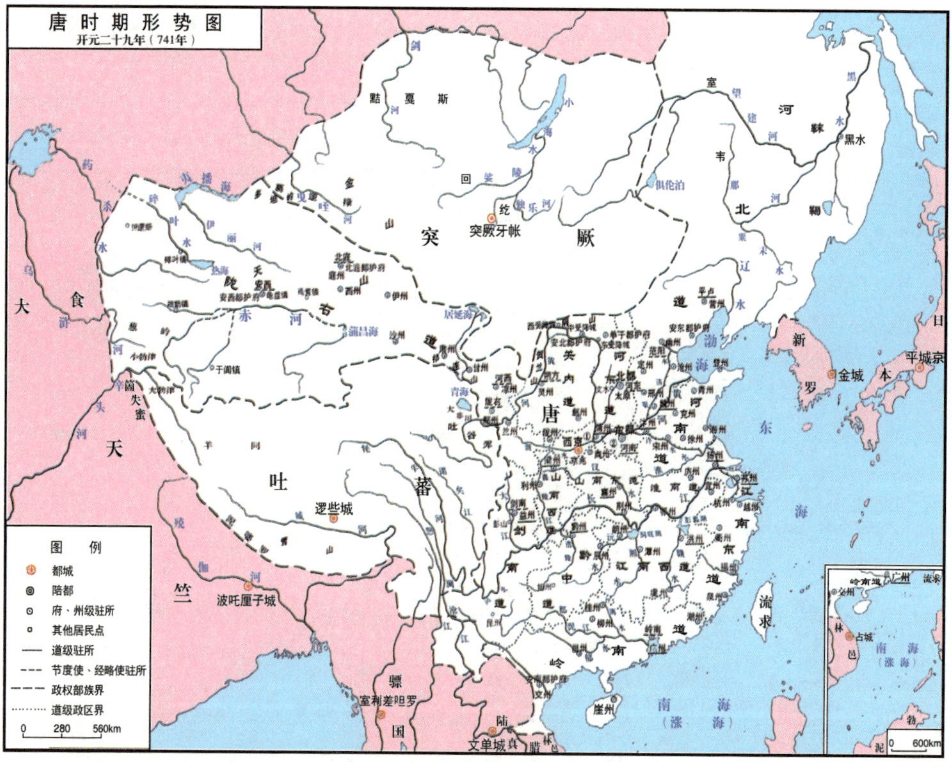

◎唐时期形势图。公元618年，李渊建立唐朝，大唐时代由此开启。此后历经贞观之治，至开元年间大唐全面兴盛。

李密降唐·谋反身死

李密杀了翟让以后，独揽大权，骄矜专横，与瓦岗军旧将逐渐疏远，将士心中多有怨言。

武德元年（618年）九月，王世充趁李密疲惫之机，精选兵卒2万多人、战马3000匹，进至偃师。李密骄矜，不听部将策略，瓦岗军大败，李密带万余人逃回洛口。

李密战败后，见大势已去，就率部2万多人西入关中，投降唐朝，轰轰烈烈、盛极一时的瓦岗军以失败告终。

十月，李密到长安，并没有得到他所希望的一切，虽被拜为光禄卿、上柱国，赐爵邢国公，但并无实权，待遇也不高，他所带士兵甚至整天都没有食物，李密心怀不满，于是产生叛唐之心。他上奏唐高祖，请求去山东收抚瓦岗军旧部，企图东山再起。当时，瓦岗军的部分将士仍在山东坚持斗争，李渊十分希望李密前往收抚。

◎唐代天王立像。此天王像头部、左臂和右腕以下均残缺。虽为残像，但依然威武挺拔，显示了高度成熟的雕刻技巧。

十二月，李密离开长安前往山东，贾润甫、王伯当与之同行。途中，长史张宝德测知李密等的阴谋，便将之报告唐廷。唐高祖于是降敕书命李密单骑入朝，另给任务。

李密在稠桑（今河南灵宝县西）接到敕书，知道事情不妙，乃与王伯当等人杀掉唐廷使者，不久，又施计攻克桃林（今河南灵宝县治），直奔南山（指陕州以南之秦岭诸山），乘险而东。并派人与旧将张善联系，让他迅速起兵响应。

当时唐将史万宝镇守熊州（今属河南），其行军总管盛彦师识破李密的意图，在熊耳山（河南渑池县南）南设置伏兵，袭击李密。李密猝不及防，慌忙应战，无奈身处绝境，队伍首尾不能相应，遂被唐军歼灭，李密被斩首，骁将王伯当也力战而死。

李密被杀后，唐高祖为了警告瓦岗旧部，特命使者专程将李密的头颅从长安携至黎阳给徐世勣看。徐世勣看到李密的首级，伏拜号哭，奏请为李密收葬。高祖答应了他的请求。瓦岗军将士身穿缟素，列队出行，将李密葬于黎阳山南。

李世民灭西秦·击刘武周

唐初，薛举、薛仁果父子国号西秦，以金城为中心，占有陇西之地，军队号称30万。武德元年（618年）八月，薛举病死，薛仁果继位。西秦人心不稳，各相猜忌。谋士郝瑗患病不起。西秦国势由此衰败。

薛仁果刚继位，李渊就任命李世民为元帅，讨伐西秦。大军至高墌（今陕西长武），李世民坚壁不战，养精蓄锐，与敌将宗罗对峙60多天。薛仁果粮尽，其将领相继率部降唐。李世民趁机出兵。他派行军总管梁实在浅水原扎下大营，引诱西秦攻打。宗罗中计，倾精兵围攻。梁实与唐军守险不出。李世民又使右武卫大将军庞玉接应，自己则统兵从浅水原北面攻入敌阵。西秦军队四散溃逃，数千人被唐军消灭。李世民率精锐骑兵2000多人，亲自乘胜追击，进围薛仁果于高墌城下，薛仁果被迫退守城池负隅顽抗。此时，唐朝的后继部队也开到城下，与李世民军兵会合，猛烈攻城，守城兵士纷纷弃城投降。十一月，薛仁果见大势已去，被迫出城投降。

武德二年（619年）秋冬之际，李世民请求朝廷给3万人马进击刘武周，

◎唐狩猎出行壁画。唐初期统治者展示出了奋发进取的雄风。

高祖同意。武德三年（620年），刘武周部下尉迟敬德、寻相降唐。刘武周向北逃入突厥。李世民收复刘武周掠取的唐河东州县。

刘武周逃入突厥境内后，被突厥杀死。

王世充称帝

唐武德二年（619年）四月，王世充废掉隋皇泰帝杨侗，自即皇帝位。

王世充乃隋朝旧臣，他一开始还伪事隋皇泰帝，对其甚为谦恭。但他把隋朝所有的高官、名士归为自己太尉府的官属，且收买人心，假意求贤。

武德二年（619年），王世充明里进攻新安，实际上召集文武亲信商议废隋皇泰帝杨侗以便受禅。他还让人进宫，令杨侗为其加九锡。杨侗被迫同意，诏令王世充为相国，假黄钺、总百揆、进爵郑王，加九锡。

王世充不满足于当郑王，急于称帝。他让长史韦节、杨续和太常博士孔颖达等人造禅代仪，又派出段达、云定兴等10多人进宫劝说杨侗禅位。杨侗拍案大怒，大义凛然，吓得段达等人直冒冷汗。段达回复王世充，王世充再次派人入宫，措辞严厉，强迫杨侗退位。

武德二年（619年）四月，王世充备法驾入宫，废掉杨侗，将他囚禁在含凉殿内，自即皇帝位。大赦，改元开明。

◎唐代女乐俑。乐女跪坐，怀抱四弦琵琶。

窦建德割据河北

武德二年（619年）年初，窦建德与宇文化及交战，大获全胜。宇文化及不得不退入聊城（今属山东）固守对抗。

窦建德的军队从四面八方将聊城团团围住，猛烈攻打。王薄等打开城门迎接窦建德军。

窦建德进入聊城，安抚民众，收回传国玺及各种卤簿仪仗，处死宇文智及等人。宇文化及和他的两个儿子被打入囚车，运至襄国（今河北邢台）处死。窦建德还把隋的1000多名宫女放还。

窦建德战胜宇文化及后，对隋吏加以礼待，随才授职，委以政事。不愿意留下而想投奔关中及东部的也听任离去，并且给钱粮作路费，派士兵护送出境。隋朝的骁果军将近万人，也随其所往。

窦建德还派人与王世充修好，奉表于隋皇泰帝，皇泰帝封窦建德为夏王。后窦建德听到王世充废杨侗自立的消息，便与王世充断绝了关系，于武德二年（619年）四月始建天子旌旗，出警入跸，下书称诏，还任命隋齐王杨暕的儿子杨政道为郧公。

窦建德也像隋末唐初割据北方的各种势力一样，依附突厥，借突厥之力壮大自己。出嫁到突厥的隋义成公主听说宇文化及被杀，遂派使者到中原迎请杨广妻萧后与南阳公主。窦建德派1000多名骑兵护送萧后北行，还把宇文化及的首级呈献给义成公主。

◎唐代甲马武士俑

九月，窦建德攻陷赵州，俘虏了唐朝镇守赵州的张志昂和张道源等人。窦建德看他们是忠贞之士，没有背叛朝廷，于是赦免了他们。

十月，窦建德进攻卫州（今河南汲县），唐将李世勣（即徐世勣，后改姓李）派骑兵军官丘孝刚率300人执行侦察任务。途中，丘孝刚的骑兵与窦建德遭遇，打败窦建德。窦建德的右军赶来消灭了丘孝刚的骑兵，进兵黎阳。经过激烈的攻坚战，黎阳被窦建德占领，唐将李世勣的父亲徐盖与大臣魏征、淮安王李神通、李渊的妹妹同安公主在城陷时被俘，只有李世勣率几百人渡过黄河逃出。李世勣见父亲被俘，几天后也投降了窦建德。卫州听说黎阳被攻克，也将城献给窦建德。而唐滑州刺史王轨的家奴杀王轨来降窦建德，滑州几日后也归降窦建德。

同月，窦建德回洺州，修筑万春宫，将国都迁徙到这里。

武德三年（620年）八月，唐高祖派出使节到河北与窦建德媾和。当时李世民正率兵攻打王世充，为了避免窦建德偏助王世充，所以李渊试图与窦建德暂时结盟。窦建德也同意与唐交好，并释放了同安公主，允许她与唐朝使者一同返回长安。窦建德于是占据河北。

小人物辞典 窦建德

窦建德（573～621年），清河漳南（河北故城东北）人。世代务农，曾为里长。

大业七年（611年）投奔高鸡泊起义军高士达部。

大业十二年（616年）十二月，涿郡通守郭绚率万余人攻高士达，高士达授兵于窦建德，大败隋军，斩郭绚。隋将杨义臣继续进攻，高士达不听窦建德暂避其锋的建议，率兵迎击，小胜即纵酒高宴，结果为杨义臣所破，战死。窦建德收其散兵，自称将军。

大业十三年（617年）正月，窦建德据乐寿（今河北献县），称长乐王。

七月，窦建德设下埋伏，乘大雾袭击薛世雄。河北地区隋军主力遂被消灭。

唐武德元年（618年）十一月，窦建德以祥鸟集于乐寿（今河北献县），改国号为夏，改元为五凤。

唐武德二年（619年），窦建德在聊城（今属山东）擒杀宇文化及，并遣使至洛阳朝见隋皇杨侗。窦建德大量收用隋朝官僚和士人。王世充废杨侗称帝，他也自建天子旌旗。

◎唐代力士立像（残）。造型不失整体感，透露出旺盛的生命力和刚猛之气。

初立租庸调

唐武德二年（619年）二月，唐朝初定租、庸、调法，5年以后与均田制同时颁布执行。它以每一男丁授田百亩为前提，在此基础上实行“有田则有租，有家则有调，有身则有庸”的赋役办法，故简称租庸调制。

唐初租庸调制直接从隋代的租调力役制度沿袭而来，并作了改进，对于遭受自然灾害的地方有减课办法，百姓的租调负担比前代稍有减轻，并在纳绢与服役之间有一定的变通性，客观上有利于农业生产和货币经济的进一步发展，也多少减弱了个体农民对封建国家的依附关系，符合当时社会政治经济的发展要求，因此唐初实现了社会经济的繁荣。

德宗建中元年（780年），随着计丁授田的均田制的解体，“以人丁为本”的租庸调制也同时废弛了，代之以两税法。

◎唐代劳动妇女俑。俑群3位女子分别操作舂米、推磨、簸粮。

西域音乐风行于中国

隋唐时期，中国政治稳定，经济繁荣，文化达到高峰，对待外来文化兼收豁达。

隋唐王朝与国外文化交流日益兴盛，表现在音乐方面，则是边远地区各少数民族和邻国各民族的音乐艺术相继传入中原地区，并得到广泛发展，成为中原文化不可或缺的一部分，其中尤以西域音乐为最。

西域音乐之所以能传入中原并得到推广，原因是多方面的。首先，隋唐王朝要有足够的经济实力，才能支付音乐团体的巨大开支，这是经济基础；其次，隋唐王朝各皇室的血缘关系使得他们易于接受来自西域的音乐，如唐高祖母亲元贞皇后姓氏为独孤氏，这一血统与匈奴族有很大牵连；最后，隋唐王朝各皇室的祖籍与西域有着类似的文化、地理联系背景，也促成了西域音乐的传播，如唐高祖李渊是成纪（今甘肃安北）人，祖籍则在狄道（今甘肃临洮），均属陇西地域，与西域的文化背景极为类似，语言、文化、生活习惯有很多相通之处，故接受西域音乐自然在情理之中。

◎唐舞乐屏风。绢本设色，新疆吐鲁番阿斯塔那230号出土。其线条流畅，笔法细腻，为初唐时期的绘画精品。

西域音乐在中原地区传播，与中原旧有的汉族传统音乐相融合，最后被官府以乐部的形式加以确认。依时代不同，被确认的乐部数目也有所不同，如隋朝开皇初年是七部乐，到大业中年则为九部乐，唐王朝武德初年为九部乐，到贞观十六年（642年）则扩展到十部乐。这里所说的乐部的数量是指当时官府确认的乐曲的数量，大致有燕乐、清商乐、西凉乐等等。其中有的乐部承袭自中原旧有的传统音乐，而大部分则是来自西域音乐，如唐贞观十六年（642年）的十部乐（燕乐、清商乐、西凉乐、高昌乐、龟兹乐、疏勒乐、康国乐、安国乐、天竺乐、高丽乐）中，除清商乐为中原旧有，高丽乐来自东方邻国外，其余八部都是来自西域音乐，其中又以龟兹乐对中原音乐的影响最大。

小辞典 文化

开元通宝

唐高祖武德四年（621年）七月，下令废止隋旧币五铢钱，改行新铸的唐币开元通宝钱，给事中欧阳询奉命撰文题字。开元通宝也读作开通元宝。开元通宝每枚直径八分，重二铢四累，每十枚重一两，这对中国的衡法产生了重大的影响，使古代衡法由原来的一两等于二十四铢演变为一两等于十钱。

开元通宝制作工整，大小轻重适宜，《旧唐书·食货志》曾称赞它“轻重大小最为折衷，远近甚便之”，唐代几百年间都有铸造。

开元通宝的创制在中国货币发展史上具有划时代的意义。当时对铜钱的成色作了严格的规定，如天宝年间规定铜钱的成分为铜83.32%，白银14.56%，黑锡2.12%，这是铸钱制度的极大进步。另一方面，以通宝来为货币命名，反映了人们对货币作用的认识进一步深化，也反映了货币的地位在社会经济中不断增强，具有深远的社会意义。

唐行开元通宝钱，对后世人们的货币观念及货币的流通使用产生了很大的影响。

◎唐开元通宝钱。开元通宝的创制在我国货币发展史上具有划时代的意义。

李世民击败王世充、窦建德

唐武德三年（620年），唐高祖命秦王李世民率军进击王世充。

武德四年（621年）正月，唐行台仆射屈突通和赞皇公窦轨率兵与王世充军偶遇，作战正处失利之时，李世民率黑衣骑兵赶到，抄袭并击溃王世充军，是役俘王军骑将葛彦璋，歼王军6000人，王世充本人战败逃走。

二月，李世民选精锐骑兵千余人，均皂衣玄甲，分左右两队，以名将秦叔宝、程知节、尉迟敬德、翟长孙分任统领，在谷水（今河南渑池县渑水及其下游）大败王世充，并进而包围洛阳宫城。但洛阳城中守卫甚严，大炮飞石重达50斤，可以抛掷200步远，八弓弩箭粗如车辐，镞如巨斧般锋利，射程达500步远。李世民军队围洛阳10日而未果，但李世民毫不退缩，决心攻下洛阳，并严下军令，胆敢提班师者立斩不赦，加紧围攻王世充。

在唐军的急攻下，王世充飞书向窦建德求援，窦建德在徘徊犹豫后，令大将范愿驻守曹州，派遣孟海公、徐圆朗等将领领兵10万，西行救援王世充。

窦建德军一路战事顺利，连下管州（今河南郑州一带）、荥阳（今河南郑州附近）、阳翟（今河南禹县）

等州县，进入中原地区，并从黄河逆水而上，运送粮草，水陆并进。

王世充闻知援军已来，派其弟徐州行台王世辩、大将郭士衡等率军数千与窦建德军会师，两军号称30万大军，并屯兵在成皋东，窦建德在板诸（今荥阳东北）修筑行宫。

鉴于军情变化，李世民采纳薛收的意见，采用围城打援的战术，准备先平定窦建德军后，再返头攻打王世充。李世民把部队分为两部分，一部分继续围守洛阳，而自己带领3500人向东奔虎牢。

王世充目视李世民率军历邙山，抵河阳，过巩县，但不明李世民底细，而不敢贸然出击。三月二十五日，李世民到达虎牢，距虎牢东20多里即是窦建德军营。二十六日，李世民派李世勣、程知节、秦叔宝分别统军埋伏路旁，自己亲率4名骑兵诱敌，窦军果然中计，派五六千人追击，遭伏，李世民军俘获窦军大将殷秋、石瓒，歼灭窦军300余人。

李世民战后即修书陈说利害，劝窦军返回。窦建德因王世充的不断告急，决定率大军进攻虎牢。

李世民五月初一北渡黄河，亲自察敌形势，并留1000马匹在河渚引诱窦建德，率部队连夜返回虎牢。

第二天，窦建德率军抵达虎牢，李世民在窦建德军列阵时趁势率军袭击又饥又疲的窦军，窦建德阵脚大乱。唐军杀窦军3000余人，窦军一溃千里，被俘5万余人，窦建德本人亦被槊击中，被唐车骑将军白世俘虏，窦军只有窦夫人曹氏和左仆射齐善行率几百骑兵逃回洛州。后来齐善行奉窦建德夫人曹氏及其余将官降唐，窦建德故地全部被唐军平定。

李世民败俘窦建德后，押窦至洛阳城外与王世充相见，断绝王世充依靠外援的念头。同时，唐军加紧围困洛阳，挖深堑、筑堡垒，致使洛阳城内粮食缺乏，城内饿死者成千上万。王世充面对这些残酷的事实，自知大势已去，便于五月初十日领太子、群臣2000多人到军门降唐。王世充的弟弟徐州行台王世辩以徐、宋等38州向河南道安抚大使李瑰投降，至此王世充故地都被平定。

窦建德被俘解至唐都长安，被斩于市。王世充则因降唐，并有李世民不斩前言，而被免死，贬为庶人，与兄弟、子侄流放蜀，在定州府州驿站被仇人独孤机之子定州刺史独孤修德杀死。王世充子侄等亦因在流放路上谋反而均被杀。

◎少林寺塔林。武德四年（621年），李世民攻打东都，少林寺僧13人奋起响应，擒捉王世充侄子王仁则，投奔李世民。世民嘉其殊勋，累加厚赐，赐教少林寺，勒石纪功，少林寺自此名扬四方。

逸闻趣事

尉迟敬德勇救李世民

尉迟敬德是唐朝大将，年少时以打铁为业，隋炀帝大业末，尉迟敬德从军于高阳，以武勇称，累授朝散大夫。

隋大业十三年（617年）刘武周起兵，收罗尉迟敬德为偏将，与宋金刚南侵，陷晋、浍二州。尉迟敬德破永安王孝基，俘虏独孤怀恩、唐俭等。

武德三年（619年），李世民征讨刘武周，刘武周令尉迟敬德与宋金刚在介休抵御。李世民遣任城王道宗、宇文士前往劝降。尉迟敬德与寻相举城投降。世民大悦，赐以曲宴，引为右一府统军。

武德三年（619年），李世民率军进击王世充。九月，率500骑兵登上北邙山魏宣武帝陵墓观察，王世充突然率1万大军将他们包围，敌将单雄信举槊直奔李世民而来。眼看李世民就要遇难，随从的尉迟敬德跃马大呼，前来救援，将单雄信刺落马下，救李世民突出重围。

此后尉迟敬德凭借高超的武艺，多次冒险救李世民于危难之中，立下不世之功，并成为凌烟阁二十四功臣之一。

◎唐太宗李世民画像。李世民的统治给中国带来了一个欣欣向荣的时代，受到人们的崇仰爱戴，关于李世民的传说也大量流传于世。

国子监体制的发展

国子监，又称“国学”、“国子学”，是中国封建社会的教育管理机构和最高学府。汉代以来，政府主办的学校称为“太学”，实行汉武帝的“罢黜百家，表章六经”的文教政策。至西晋武帝咸宁四年（278年），为适应门阀世族专权的需要，除太学外，政府特别设立了国子学。隋朝文帝时改为国子寺，属我国最早设立的专门从事教育管理的机构，下设国子学、太学、四门学、书学、算学五学。隋炀帝大业三年（607年）改国子寺为国子监，国子监体制最后形成。

唐宋时期，国子监作为国家教育管理机构，总辖国子学、太学、四门

◎孔颖达画像。孔颖达是唐代著名经学家，曾任国子博士、国子司业、国子祭酒等职。

学、广文馆、律学、书学、算学，统称“七学”或“七馆”。

国子监设立以来，历代政府对教官人数的设置及称呼都有所不同。总管监务的头目称国子祭酒或判监事，唐代设博士、助教和直讲。各朝政府均规定，国子监祭酒、司业、博士要由“当代学行卓异之名儒”担任，如一代名儒韩愈、孔颖达、宋讷、孔尚任等都曾在国子监执教任职，并得到优厚的待遇。

在生员方面，历代政府对学生的资格、来源和名额都有不同的规定。在监读书的学生称监生、太学生或国子生。唐代“国子学生三百人，以文武三品以上子孙、若从二品以上曾孙及勋官二品县公、京官四品带三品勋封之子为之”，并规定监生入学时要举行献礼仪式，赠绢给博士及助教。监生可在监内寄宿，并可免除劳役。

除此之外，唐代监生兼修“大经”（《礼纪·春秋左氏传》）、“中经”（《诗》、《周礼》、《仪礼》）和“小经”（《易》、《尚书》、《春秋公羊传》、《春秋谷梁传》）及《论语》和《孝经》。

在管理方面，各朝政府都建立了严格的规章制度。唐代明确规定了博士、助教的职责以及监生的考试和放假制度。

国子监自建立到衰亡经历了近2000年的时间，培养和造就出一大批适应社会需要的文武官员和管理人才，对社会兴旺、文化繁荣、促进中外文化的广泛交流起到了积极的、重要的作用。

李世民开馆延士

武德四年（621年）九月，鉴于秦王李世民功高望重，唐高祖任世民为天策上将军，位在王公之上，并兼任司徒。

李世民认为其时天下逐步统一，海内平定，便在秦王宫西部开馆，延请四方饱学之士。

秦王收罗的人才包括杜如晦、

◎杜如晦画像。房玄龄与杜如晦均长期追随李世民四处征战，世称“房谋杜断”，后均为唐代名相。

◎房玄龄画像

房玄龄、虞世南、褚亮、姚思廉、李元道、蔡允恭、薛元敬、颜相时、苏勖、陆德明及孔颖达等。这些人都以本官兼任文学馆学士。

秦王又让著名画家阎立本为各学士画像，褚亮撰写赞文，号称“十八学士”。秦王李世民将十八学士分为三批，轮流值班，自己一有空闲，便到文学馆与各位学士讨论文籍，直到深夜。文学馆在社会上名望颇重，如果得为学士，时人便称为“登瀛州”。

唐制定新制度

武德七年（624年），唐颁布新制，包括官制、户籍法、均田制及租庸调法三部分内容。唐中央机构由三省、一台、九寺、两监组成。三省及御史台是辅佐皇帝的最高权力机关。三省中长官皆为宰相。中书省起草诏令，门下省审核、签署，尚书省为全国最高行政机关，下设吏、户、礼、兵、刑、工六部掌具体事务。御史台负责弹劾中央及地方官员，为最高监察机关。地方机构分州、县两级，分由刺史、县令统管。

新户籍法规定，民户均以一百户为里，五里为乡，四家为邻，五家为保的方法组织起来。男女始生为黄，四岁为小，十六岁为中，二十一岁为丁，六十岁为老。户籍法还列有皇族、奴婢、僧道等特别身份籍。户籍法规定，工农商各司其业，良贱禁婚，贱民世袭，民户不许擅自迁徙等。

唐初均田制有平民、官两种授

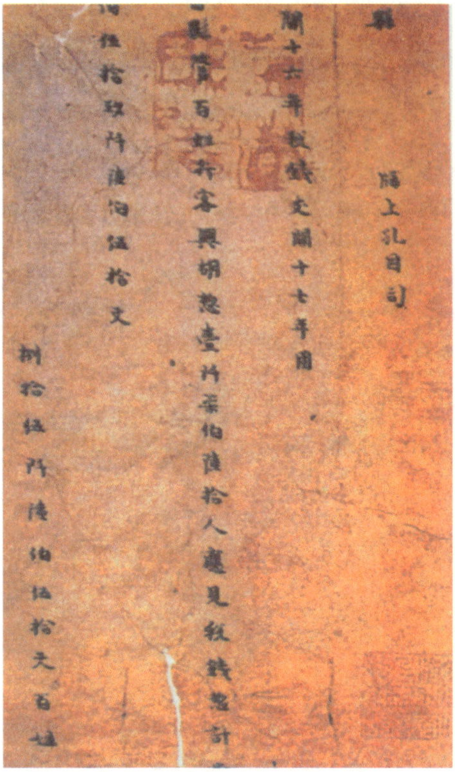

◎敦煌唐代文书。商税是封建国家的重要收入之一。图为敦煌出土的载有税款使用规定的唐代文书。

田。租庸调制与均田制相配合，是唐主要赋役制度。以“有田则有租，有家则有调，有身则有庸”为原则，此法按丁征派赋役。每丁均纳“租”粟二石；“调绢”二丈（或绫二丈，布加三分之一），绵三两（或麻三斤），服劳役每年二十天，无役则每日征绢三尺，此谓输庸；凡加役或遇自然灾害则酌情减免赋役。

总之，唐初各项新制度的颁行，为以后唐朝的稳定、繁荣打下基础。

小辞典 文化

《大唐雅乐》

唐朝建立初年，军务、政务繁忙，根本无暇顾及雅乐之事，宴享时均沿袭隋朝旧制，奏九部乐。

几年以后，唐朝境内逐渐平定，四海皆安，唐高祖李渊才于武德九年（626年）正月诏令时任太常寺少卿的幽州范阳人（今河北涿县）祖孝孙负责修订雅乐。

因祖孝孙曾为官隋朝，并且熟习梁、陈、齐、周及隋朝旧乐，吴楚之音及吴戎之伎，所以他仔细斟酌南北音乐，并考证古音，历时二年半，于贞观二年（628年）六月作成《大唐雅乐》。

修订过的《大唐雅乐》以十二月各顺其律，以旋相为宫，制定十二乐，总共三十二曲，八十四调，祖孝孙恢复已亡绝很久、世人都不懂的旋宫之义，对其前的音乐保留作出了贡献。

《大唐雅乐》的修订，打破了南北胡汉音乐的界限，将南北胡汉音乐融于一体，在古代宫廷音乐史上有重要的地位。

◎唐代吹笛女侍。吹笛女侍头梳华丽的双发髻，体态潇洒轻盈，双手执一横笛，正翘起灵巧的手指，全神贯注地吹奏。

玄武门之变·李世民登帝位

秦王李世民在创建唐业中，功勋卓著，威望日升，手下精兵强将颇多，太子建成功逊世民，兄弟间深怀敌意，皆竭力招贤纳众。建成获得齐王元吉及后宫支持后又得到李渊的偏袒，在双方较量中占有优势。武德七年（624年）后，建成几次谋害世民，其中一次暗下鸩毒，使李世民心中暴痛、吐血数升。此后李建成与李元吉又欲收买秦王部下名将尉迟敬德、程知节、秦叔宝、段志玄等未成功，后又上疏高祖，诋毁秦王谋士房玄龄、杜如晦，二人均被高祖逐出京师。

武德九年（626年）夏，突厥兵进攻唐境，太子李建成荐李元吉代秦王出征，并奏请以秦王大将尉迟敬德、程知节、秦叔宝、段志玄等随行，太祖诏准。李建成与李元吉密谋欲在为元吉饯行的宴会上谋杀李世民。李世民得知消息，密奏高祖，并细诉太子及李元吉俩人淫乱后宫等事，高祖答应来日（六月四日）询问建成、元吉俩人。

◎玄武门遗址。李世民发动了玄武门之变，最终登上了帝位。

六月四日清晨，秦王李世民率长孙无忌等伏兵于玄武门。太子李建成闻知秦王密奏高祖之事，便召元吉密议，李元吉认为应布置军队，托疾不入朝，坐以观变，等待消息。建成说已经布置就绪，只待入朝，打听消息。

此时，高祖已召裴寂、肖瑀、陈叔达等臣审议秦王所奏之事。建成、元吉则对形势估计不足，认为已布置停当，便仍从容上朝。俩人赶到玄武门，进了宫门，来到临湖殿，便发现形势不对，立即策马欲东奔回各自宫府，李世民在后追赶，并呼叫建成、元吉俩人停下，元吉张弓欲射李世民，但慌忙中未能拉开弓弦，而李世民却一箭就将太子建成射死于马下，元吉也被赶到的尉迟敬德射下马来。李世民亦从马上掉下，被树枝挂住，元吉带伤返回，夺世民手中弓，欲用弓扼死李世民，尉迟敬德跃马大喝，元吉慌忙快步奔向武德殿，尉迟敬德紧追不舍，一箭射死李元吉。

太子李建成、齐王李元吉死后，两府部众方得知消息。翊卫车骑冯立、副护军薛万彻等将领东宫和齐王府精兵2000余人赶至玄武门外，欲杀李世民，为太子李建成及齐王李元吉两主复仇。

李世民的云麾将军敬君弘掌宿卫兵屯玄武门，领兵挺身与冯立、薛万彻力战，不敌而战死。李世民的心腹猛将张公谨力大无比，在玄武门内抗拒冯立、薛万彻两将所率人马，使其不能入。

坚守玄武门的李世民部众与薛万彻、冯立军马力战很久，薛、冯二将久攻不下，便鼓吹要攻打秦王府，秦王将士大惊，尉迟敬德便持李建成、李元吉俩人首级示于城门，东宫、齐王府军队才大乱而退。

高祖闻知此事大惊，与裴寂等臣商议，肖瑀、陈叔达答道："建成、元吉本未参与起义，又无功于天下，而嫉妒秦王功高，狼狈为奸。现在秦王讨伐并诛杀他们，陛下可将国事委许秦王。"高祖于是点头称善。六月七日立李世民为皇太子，两个月后又被迫让位于李世民，自称太上皇。

至此，李世民因发动玄武门之变而登上帝位。

文化小辞典

《大唐西域记》

贞观三年（629年），唐高僧玄奘为统一佛法分歧而西行取经，前往天竺（天竺是中国古代对印度的称谓之一，后来玄奘西域取经，根据读音才正名为印度）。

玄奘是佛教学者，旅行家、翻译家，俗姓陈，出身儒学世家。13岁出家后，游历各地，遍访名师，博读经，但感到各种佛教理论有分歧，无所适从，于是决定西行天竺，寻求可以总结诸论的《瑜伽师地论》。

玄奘聚结僧侣上表太宗，请求赴天竺求经，但太宗不同意，众僧侣都退缩了，唯有玄奘坚持。贞观三年（629年）八月，玄奘独自一人由长安出发，经数年艰难跋涉，终于到达印度。

◎玄奘像。唐高僧玄奘西行取经的故事后被作为《西游记》的背景，玄奘成为唐僧的原型。

玄奘在印度十几年研习经文，于贞观十九年（645年）携657部梵文佛经返回长安，受到唐太宗李世民盛大欢迎。

玄奘精通梵、汉文，将直译、意译巧妙融为一体，共译经论775部、335典，对佛教传播作出了贡献。

他还耗费了一年时间，将西行沿线经过的国家、地区的情况口述出来，由门人辩机撰写成书，这便是有名的《大唐西域记》。

《大唐西域记》共12卷，记载了玄奘亲身经历和传闻得知的138个国家和地区、城邦，包括今中国新疆维吾尔自治区和中亚地区、阿富汗、伊朗、巴基斯坦、印度、尼泊尔、孟加拉国、斯里兰卡等地的情况。该书内容非常丰富，有各地的地理形势、水陆交通、气候、物产、民族、语言、历史、政治、经济生活、宗教、文化、风俗习惯等方面的叙述，特别是对各地宗教寺院的状况和佛教的故事传说都作了详细的记载。这本书满足了太宗了解西域及印度各国情况的急切之心。

唐大破东突厥·平定漠南

贞观四年（630年）正月，唐大破东突厥颉利可汗，俘男女牲畜各数十万。

突厥势力最大时在公元6世纪，东至辽海，西达咸海，南抵阿姆河南，北抵贝加尔湖，屡与北朝、隋战争。583年后分为西、东突厥两部。

唐朝武德初年，东突厥处罗可汗入侵唐朝并州，高祖派郑元为使劝处罗可汗退兵。后颉利可汗继位，扣留唐使郑元，并仗其强大军队和精锐骑

◎唐四铁人。汉民族的形成是多民族交融的结果。这4尊铁人分别代表了唐代4个周边民族，正是他们给以中原为活动中心的汉民族注入了新鲜血液。

◎唐代乐舞群俑（局部）。有唐一代，歌舞兴盛，文化繁荣，给后世留下了大量宝贵的文化遗产。

兵，进兵攻打汾阴、石州。唐廷因中土尚未统一，对突厥态度谦恭，派使者送重礼与颉利可汗，对方送回扣留使者郑元、李瑰、长孙顺德及特勒热寒、阿史那德，两国和好。

此后，624年至629年，突厥不断侵扰大唐边境，连年发生战争。于是太宗采纳代州都督张公谨建议，以颉利可汗与唐结盟又援助叛军梁师都为借口，派大军征讨突厥。

630年正月，李世勣出兵云中（今山西大同市），在白道（今内蒙呼和浩特西）与突厥激战，败突厥，李靖又在阴山大败颉利可汗。颉利逃至铁山（今阴山北部），遣使请降，欲图积蓄力量来年东山再起。李靖与李世勣二将趁夜袭击颉利，李靖在阴山俘突厥千余帐，杀死突厥万余人，俘虏10万余人，李世勣亦俘5万余人。

对于突厥俘虏，太宗采纳温彦博建议，安置在幽州到灵州一带，加封颉利原旧将。至此东突厥平定，漠南一带尽归唐境。

贞观之治

贞观年间，太宗推行“偃武修文”使百姓安乐的方针，采取轻徭薄赋、整饬吏治、健全法制等政策，社会上一度出现“天下大稔，流散咸归乡里，米斗不过三四钱，终岁断死刑才二十九人。东至于海，南极五岭，皆外户不闭，行旅不离粮，取给于道路焉”的兴旺景象。后人誉之为“贞观之治”。

唐太宗常说君主是舟，人民是水，水可以载舟，也可以覆舟。为了改善财政状况和人民生活，唐太宗首先实行了轻徭薄赋、与民生息的政策。与此同时，大力倡导节约国家财政支出，有力地保障了农民安居垅亩，发展了农业生产。

亲疏并举、德才兼备的人才政策是唐太宗政治统治的重要保证和基础。从战争年代起，他就十分注重搜罗和使用各类人才。

◎《职贡图》。唐阎立本绘。盛唐时期，外国使节纷纷来华，向中国皇帝进贡珍稀宝物。

为了集思广益，纠偏补过，唐太宗建立了一套比较完整的监察和谏官制度，魏征就是当时有名的谏官。唐太宗还采取一些手段鼓励和笼络臣下，在他统治的时代，科举制度得到了恢复和完善，使各阶层的人才得以进入朝廷。

在政治统治中，唐太宗特别重视伦理教化，将其作为巩固统治的精神支柱，以儒家思想为基础，建立封建等级制度和伦理道德规范，另外还制定和实施了一系列法律、法令，中国古代最完备的法典《唐律》就是代表。

通过这一系列的政治、经济和军事政策的制定和推行，唐初政治风气开明而清廉，生产力得以迅速发展，经济空前繁荣，社会安定，人民获得了一个较为安定的政治环境，能够安心地从事劳动生产，从而创造了古代少见的文化灿烂、国力鼎盛富强的景况。

小辞典 人物

魏征

魏征（580~643年），字玄成，唐朝贞观时期名相，因善谏而著称于世，鹿下阳（今河北晋县西）人，为唐初“贞观之治”的出现起过举足轻重的作用。

魏征从小胸怀大志，贯通书术。太宗素重魏征之才，引为太子东宫詹事府主簿，拜谏议大夫，后相继任给事中、尚书右丞、宰相、侍中、左光禄大夫，封郑国公，晚年曾为太子太师。

魏征不仅有卓越的文治武功，而且有一套系统的政治思想，总结了历代治国安邦之道，在中国古代政治文明史上是无与伦比的。魏征在奏章里经常提醒李世民“怨不在大，可畏惟人，载舟覆舟，所宜深慎”（《贞观政要·君道》），同时魏征与唐太宗讨论如何用人时提出“亲疏并举、德才兼备”的用人标准，加深了唐太宗对用人重要性的认识，使之能知人善用。

魏征进谏所言事200多件，达数十万言，他还提出了“兼听则明，偏听则暗”的政治思想。唐太宗甚至把贞观时期的政绩归为“魏征之力也”（《旧唐书·魏征传》）。可见魏征的批评和主张得到了李世民的接受和采纳，为唐代文明的繁荣打下基础，也为后世提供了许多可供借鉴的统治经验。

◎魏征像。魏征是唐贞观年间的名相，善谏。

逸闻趣事 长孙皇后贺谏

唐太宗皇后长孙皇后，性情贤孝俭朴，喜好读书，做事遵循礼节。皇后经常与太宗从容谈论古事，并提出多种建议，对太宗很有帮助。

一次，太宗退朝后，面带怒容对皇后说："我迟早会杀死这个乡下佬。"长孙皇后忙问太宗何故，太宗告知皇后，魏征在朝廷上公然强谏，令其受辱。

皇后听后退而更换朝服，向太宗表示祝贺，说："我知道皇帝英明则臣子必正直，今日魏征敢于直谏，原因就在于皇帝的英明，所以我不敢不向您表示祝贺。"

太宗听后转怒为喜，更加喜爱魏征的正直。

长孙皇后是个很有修为的人，她曾采集古代后妃的得失事迹并加以评论，形成《女则》一书，用来教导自己如何做一位称职的皇后。贞观十年（636年）六月，皇后病重，弥留之际仍劝太宗纳忠容谏，不要听信谗言，重新起用房玄龄，减省畋猎和营建，勿宠外戚，丧事从简等。二十一日长孙皇后卒，年36岁。十二月，太宗建昭陵，谥文德。自制表序，立于墓旁。太宗览皇后遗著《女则》，更悲叹失良佐。

◎唐太宗纳谏图。唐太宗善于纳谏，唐初政治气氛开明而清廉，社会安定。

西突厥分裂

582年，突厥分裂，东突厥始波罗可汗占金山以东的原突厥领地。西突厥达头可汗则占有今新疆和中亚大部分地区。西突厥地处中亚交通要道上，对唐与东罗马、伊朗、印度等国的经济文化交流起关键作用。

唐贞观八年（634）十二月，西突厥咄陆可汗卒，咄陆弟弟同娥设即位，即沙钵略咥利失可汗。他将全国分为十部，每部设一名酋长，各赐箭一把，把十部称为十箭。又分为左、右厢，左厢号称五咄陆，设置五大"啜"，居住在碎叶（原苏联中亚托克马克附近）以东；右厢号称五弩失毕，设置五大"俟斤"，居住在碎叶以西，两部分合称十姓。咥利失逐渐失去民心，被他的臣下统吐屯袭击，

◎唐《蛮夷执贡图》。唐国力强盛，对周边有威慑作用。

咥利失可汗被击败。到贞观十二年（638年）末，西部五大“啜”立欲谷设为乙毗咄陆可汗。咥利失可汗发兵与欲谷设大战，因而西突厥又再次东西分治。欲谷设占据伊犁河以西土地，咥利失可汗则占有伊犁河以东土地。

由于西突厥又分东、西，史称原居金山以东的东突厥（如颉利、突利）为“北突厥”与“突厥”。

◎牛耕图。图为陕西三原李寿墓壁画。唐代农业发展，农业经济在广度和深度上都得到了引人注目的发展。

农业发展·经济作物大量出现

唐代，由于社会安定，战乱减少，统治者又实行了休养生息政策，社会经济各方面都有所发展，农业生产力也相应提高。

唐王朝十分注重扩展耕地面积。唐代虽实行了均田制，但对于受田之外的荒地开垦，不仅不加以限制，而且还予以鼓励。

开始于南朝的围田，到唐代成为开发水土资源的一个重要项目，这种方法比过去“决湖以为田”的方法更为科学，因为它不再大规模地破坏生态平衡，而是保留水源以利灌溉，因此在兴修农田水利的同时，也将许多良田沃土垦辟出来。

唐代造田的另一个方向是山地。开山的方法则与前代无异，称为“烧畲”、“火田”或“火耕田”，即先

◎ 唐擀面女俑

用畲刀将草木砍倒，纵火焚烧，然后在草木灰中候雨下种，3年后地力衰竭不能再种，就另选一处重新开垦。

唐代南方出现了稻麦轮作复种的一年二熟制，并且已大量栽培双季稻，形成水稻的一年二熟制。

唐代经济作物广泛种植，并发展成一个独立部门。其中，茶叶种植及其商业化最值得注意。唐代饮茶之风传播很快，遍及全国。陆羽的《茶经》对茶叶的产销、焙制、饮法等都

作了详细介绍，并品评各地名茶优劣，对饮茶之风起到推波助澜的作用。江南各道都种植茶叶，茶叶的生产已成为农业生产的重要部分，唐政府继食盐专卖之后，又实行了榷茶制度。除茶叶外，传统经济作物桑、麻等的种植也有所发展，甘蔗、水果、花卉、药材生产也发展很快。

唐代农业经济在广度和深度上的拓展都是引人注目的。一方面水稻与小麦的种植面积和总产量都迅速上升；另一方面，粮食作物的种植不再是唯一选择，出现了大量专为销售的经济作物。另外，农业生产率也有较大幅度的提高。

隋唐宫廷燕乐鼎盛

燕乐，亦称“宴乐”，一般指中国隋唐至宋代宫廷宴饮时所用的供娱乐欣赏、艺术性很强的歌舞音乐。

从唐初到开元、天宝时期的百余年间，社会空前繁荣安定，文化艺术也发展到高峰。音乐艺术则以新的宫廷音乐——燕乐为中心，并且容纳了更多的外来音乐，在几个嗜好音乐的皇帝的提倡下，得到了很大的发展。

隋唐时期几个君主成为宫廷音乐的组织者。隋炀帝好尚奢侈，集中了六朝以来流散在各地的乐工，常常

◎唐代乐舞群俑。作品真实地展现了唐代宫廷乐舞的情景。

作极豪华的表演；隋亡后，唐太宗宫廷中也有大规模的音乐舞蹈表演；唐玄宗李隆基是一个精通音乐的皇帝，既能作，又是打羯鼓的能手，他精选乐工数百人，在宫中亲自教练，称为“皇帝梨园弟子”。

隋唐时期设有规模宏大的宫廷音乐机构。隋炀帝时有专业乐工万人，以太常寺辖之。唐玄宗时宫廷中乐工多至数万人，设“教坊”5所加以管理。唐朝的燕乐中，最突出最辉煌的是大曲。大曲中的“法曲”更是精致绚丽。

安史之乱后，唐代宫廷音乐衰落，此后音乐发展的主流已转到新兴的市民艺术（戏、说唱、城市歌）中去，宫廷音乐无论燕乐还是雅乐，都已失去发展的势头。

◎唐说唱俑。说唱的发展是唐代通俗文学发展一个重要的体现。

敦煌佛教艺术宝库形成

公元4世纪以来，历代王朝不断在敦煌地区开凿石窟，使之逐渐形成了一座博大精深，融建筑、壁画、雕塑为一体，堪称世界上保存最好、富有中国民族特色的佛教艺术宝库。

敦煌是位于西北交通要道的一个边陲重镇，是古代东西方文化交流的必经之地，是汉武帝时期已建立的河西四部之一。两晋时代，这里已有佛教活动。北魏时期，西域保持了相当长时间的相对稳定，崇佛之风迅速蔓延，石窟被大量开凿。

◎唐敦煌壁画。图为《大势至菩萨》壁画。

隋统一南北以后，经济得以迅速发展，为了防御突厥的侵扰，隋炀帝锐意经营西域，敦煌的商贸活动十分繁荣。崇信佛教的隋文帝、隋炀帝对开凿石窟十分热心，在短短的37年间共开凿石窟80座，敦煌艺术宝库已初具规模。

壁画是敦煌莫高窟及其他洞窟的艺术主体，是研究那一历史阶段不可或缺的宝贵资料。北朝壁画主要有4种类型。其一是佛像画，其二是佛经故

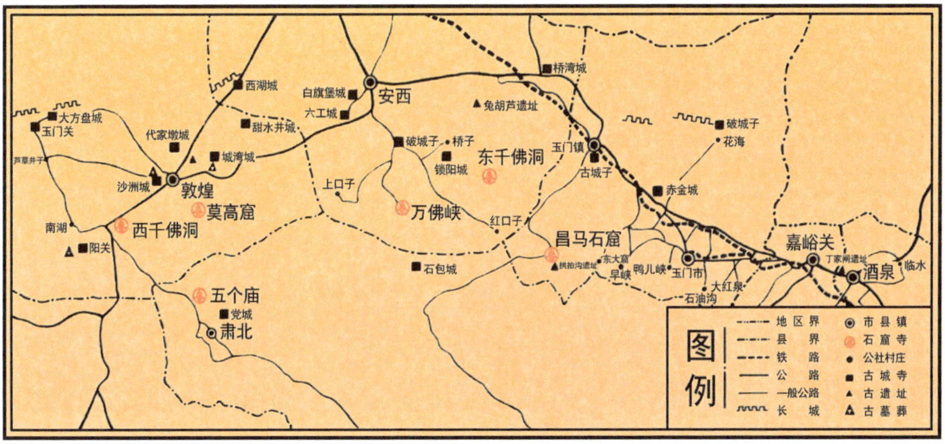

◎敦煌—酒泉地图。敦煌是位于西北交通要道的一个边陲重镇。

◎盛唐时期敦煌384窟彩塑。此窟西、南、北三壁开龛，共有15身盛唐彩塑佳作。

◎唐敦煌壁画。图为《法华经·药草喻品》壁画。

事画，其三是传统神话传说画，如东王公、西王母、伏羲、女娲、羽人、飞廉、风神、雷公、雨师、电母等，最后是供养人画像，其身份有王公贵族、世家大族、僧侣以及少数民族等。隋代壁画处于向民族化转变的过渡时期，内容上故事画日渐减少，而经变画正在增多。隋代人物造型逐步走向写实，其面相丰润而多样，比例适度，上身多着僧祇支，腰束锦裙，衣裙遍饰波斯风织物花纹，金碧辉煌，灿烂夺目，使隋代菩萨别具风格。

敦煌石窟的彩塑分为圆塑和影塑两种。此时彩塑体态健硕，神情端庄宁静，姿态简单，风格简朴厚重。

唐时，历经北朝和隋朝的敦煌石窟不但规模扩大，而且艺术积淀已显得十分厚实，标志着这座中华民族的艺术宝库逐渐形成，为它在唐代走向成熟和辉煌奠定了坚实的基础。

隋唐三教并用

隋唐时期，大一统政治迫切地需要宗教政策与之相适应，三教并用的宗教政策逐渐形成。

随着隋唐政权的建立，统治集团的内部矛盾得以缓解，制定普遍适用于全国的宗教政策的政治条件基本具备，学术上表现出调和儒、道、佛的倾向。

隋唐统治者认为缓和社会矛盾、稳固政权的最有力的武器就是精简法令，施行相对开明的政策，因此提倡儒学。对于佛、道二教，隋唐统治者也采取开放政策。隋文帝杨坚吸取北周武帝禁绝佛、道的教训，大兴佛、道二教。唐太宗在吸取南北朝统治者信奉佛教而未能达到安定治理目的的教训时，看到了佛教教义和儒家纲常伦理之间的矛盾以及僧侣特权制度给国家利益带来的损害，采取了既尊重和利用佛教，又有效地加以抑制的政策。他有意提高道教地位以平衡佛、道势力，同时也借道教始祖老子李耳以提高李姓的地位，儒、释、道三教并立的局面最终形成，但儒学的发展仍被看作与国家兴亡休戚相关的大事而受重视。

然而，三教之间依然时有斗争，但斗争多集中于辩论宗教的利国还是危国的问题上，而非教义的内容本身。

◎《三教图》。此图为清代丁云鹏所绘。南北朝以后，三教合流、多教共存成为主流。

小辞典 文化

变文

变文是唐代通俗文学形式之一，简称“变”。它是在佛教僧侣宣扬佛理的所谓“唱导”的影响下，继承汉魏六朝乐府诗、志怪小说、杂赋等文学传统逐渐形成的一种文体。其特点是有说有唱、韵白结合、通俗易懂、接近口语。题材则以佛经故事为多，也有一部分选自历史故事和民间传说。这种文学样式，是在敦煌藏经洞发现大批手抄写本变文后，才逐渐为人们所认识和重视的。

和南北朝“唱导”一样，唐代早期的变文是以讲经形式和民间说唱形式相结合来演绎佛经神变故事的，后来出现了专门讲唱故事的俗讲僧。中晚唐时期，长安城内许多寺庙经常进行俗讲，场面极为隆重盛大，听众人头涌动。这种俗讲变文在流传过程中逐渐脱离原来的轨道，非宗教的现实内容日益增多，终于走出佛门，进入民间，于是出现了以专唱变文为职业的民间艺人。这些人进而创作出许多以历史故事、民间传说和现实生活为题材的变文，而讲唱场地也逐渐多起来，不仅可与各种杂戏一起在“戏场”演出，而且还出现了专门讲唱变文的“变场”。

在讲唱变文时还配有插图。图画、音乐和讲唱相互配合，使变文成为一种向综合性艺术过渡的、具有较强感染力、为群众所喜爱的文学表现形式。

文化小辞典

净土宗

净土宗作为中国佛教流派中专修往生阿弥陀佛净土的法门，在隋唐之际发展成一个正式的宗教流派，道绰和善导是净土宗的真正创始人。

道绰（562～645年）因见到记载昙鸾（北魏医僧）的碑文而改宗净土，专念阿弥陀佛，日限7 万遍，教人以豆或念珠记念佛次数，认为在此末法时代，只有凭借愿力才能往生西方净土。

善导（617～681年），初诵《法体》、《维摩》，后依《观无量寿经》。曾在玄中寺听道绰讲净土要旨，后去长安宣扬净土信仰，著有《观无量寿佛经疏》、《往生礼赞偈》等，且抄《阿弥陀经》几十万卷，画净土变相300幅。至此，净土宗的理论和行仪趋于完备，正式成为一个宗派在隋唐之际广为流传。

向往西方净土的思想在东晋时期已经产生。慧远被奉为净土宗初祖，此后净土思想代有传习者。

净土宗重信仰轻理论，以“三经一论”为典籍。“三经”是《无量寿经》、《观无量佛经》和《阿弥陀经》，“一论”是世亲所著的《往生论》。

净土宗以念佛为宗教实践。念佛方法有4种：持名念佛、观像念佛、观想念佛、实相念佛。而尤重持名念佛，故后世唯持名念佛最为流行。信徒们认为只要一生至诚念佛，就能往生净土。善导又把修行的方法分为正行和杂行两类。

由于净土宗修行简易，中唐以后广为流行，同时其他各宗派的僧人一般都兼修念佛法门。因此，净土宗在中国得以普及于大众社会，一直流传至今。善导以后，净土宗继续流传，历代名师辈出。善导的《观经疏》于8世纪时传入日本，12世纪时日本僧人源空受其影响，创立日本净土宗；其后，源空的弟子亲鸾又开创净土真宗。

◎香积寺塔。此塔为佛教净土宗四祖善导法师的道场。

中国造船业驰名世界

隋唐时期，中国经济发达，国力昌盛，与外界的沟通与联系也日益频繁。由于陆路交通受地理环境影响很大，迫使人们将眼光投向海上，海上交通得以发展，再加上内陆湖泊河流众多，水上交通较为发达，这一切促使水上交通工具——船舶的进步，造船业得到了迅猛发展。

隋唐时期的造船材料，大多采用

◎海船模型。唐宋时期造船和航海技术都进入一个新阶段，船型增多，水密分舱技术比西方早了10个世纪，海上航行较为安全。

较为坚硬耐用的楠木，其次是樟木，也包括少许的木兰、杉树、柯树等。由于这些木料多产于长江流域和珠江流域，故隋唐时期造船业大都集中于江南地区。

在造船工艺技术方面，隋唐时期发明了很多新型的工艺，提高了所造船舶的质量水准，如水密分舱、沙船、船底涂漆及铁锚的发明。

在采用先进工艺技术的基础上，隋唐时期制造出了大量高质量的船舶。唐代所造的远洋海船，长20丈，可载客600～700人，船体坚固，抵御风浪能力强，最适合于海上交通，深受从事远洋贸易的各国商人所喜爱。

隋唐造船技术的提高，又影响到各国的造船工艺，是对世界造船技术的一大贡献。

唐锦流行于西域

唐锦是唐代工艺水平最高、最为精美的丝织工艺品。唐代时，它已在西域广为流行。

唐代以前，织锦多为经丝显花，称为经锦。唐代，由经丝显花一变而为纬丝显花，故唐锦又称为纬锦。一般用多种色纬分段换校法织成，或用打纬器将纬丝打紧打密，使得织锦色彩绚丽典雅且花纹突出，丰富多变。

初唐时期织锦多为联珠纹锦，风格多样，一派异彩纷呈的繁盛景象。这一时期织锦花纹明显地受到波斯萨珊织锦的影响，萨珊锦的原型清晰可寻，异族情调很浓。盛唐时期，织锦结构严谨，丰满华丽，雄健豪放，昂扬的时代精神和盛唐气象营铸其中。例如联珠团窠纹是联珠纹和团窠纹的组合，而对称纹则格式左右相对，组

◎唐代联珠对鹅纹锦。唐锦是唐代工艺水平最高的丝织工艺品，在西域广为流行。

织成多层次装饰花纹的宝相花纹和以雪花为原型的瑞锦纹、无固定规则的散花纹等，无不色彩鲜艳、富丽华贵。

新疆吐鲁番阿斯塔那唐墓出土的“花化鸟纹锦”，画面鸟语花香、富丽堂皇，比较完整地表现了大唐织锦风采。该墓下葬时期为大历十三年（778年）。而垂拱四年（688年）下葬的阿斯塔那张雄夫妇墓中出土的泥头木身锦衣女俑，身着两件丝织品为缂丝和双面锦，更显珍贵。

大明宫建成

大明宫是唐朝宫殿，位于今陕西省西安市城北的龙首原上，在唐朝长安城的禁苑中。贞观八年（634年）开始兴建，名永安宫，贞观九年（635年）改名为大明宫，自龙朔三年（663年）以后，是高宗等皇帝的主要朝会场所。

高宗显庆五年（660年），武则天开始参与朝政，龙朔二年（662年）命司农卿大兴宫殿，沿中轴线依次修筑大朝含元殿、宣政殿（日朝）、紫宸殿（常朝），在这3组宫殿的两侧及后部共建30余处楼台殿阁，并在大明宫北部依地形而凿太液池，池中作蓬莱山，沿池四周修建400间周廊，形成大明宫的宫苑区。

大明宫的正殿为含元殿，位于丹凤门正北龙首原的南沿上，是唐代最雄伟壮丽的宫殿组群，重大庆典和朝会多半在此举行。大明宫与隋文帝时修建而唐朝沿用的太极宫，以及开元二年（714年）兴建的兴庆宫，并称“三内”，是唐长安城内著名的3处宫殿区之一。

大明宫是中国古代劳动人民伟大才能与智慧的结晶，反映了唐建筑技术水平及成就。它的形制、布局和建筑基址的结构为我们后代了解唐代建筑风格及历史情况提供了历史依据和形象资料。

◎大明宫麟德殿。麟德殿是大明宫内一组华丽宫殿，唐朝皇帝于此宴群臣，观看杂技舞乐，做佛事。此殿面积约等于明清故宫太和殿的3倍。

草市普及

草市是一种自发形成的初级市场，在魏晋南北朝时就出现了。随着经济的发展、商品交换的日益频繁，草市在唐代得到了普及。

草市是农村市场中的一种大型市场，所以大多设在城市附近、交通要道、驿站或大的村镇等地方。市上以出售农产品和林牧产品居多。赤壁的草市、德州境内的灌家口草市和汴州城郊的汴水渡口草市在当时都很著名。草市是长期固定的商品交换场所，有常设的货肆店铺。

草市没有都市市场那么高级，多出售生产剩余品（段成式《酉阳杂俎》有所记载），但也有些大的草市里物品繁多，甚至连名人的诗句都成为市中交易的产品，像白居易和元稹的诗，经过缮写模刻，在市井上出售，能用来交换酒茗等物。

随着繁荣程度的增加，草市出现了向都市转换的迹象。有些草市被改为县治，成为当地的政治中心，例如归化县的县治在开元年间就是被提升后的原灌家口草市。宗州的永济县治，也是由张桥草市改造而来的。

草市之外，还有墟市，就是隔日一会，或隔三五日一会的一种初级农贸市场。

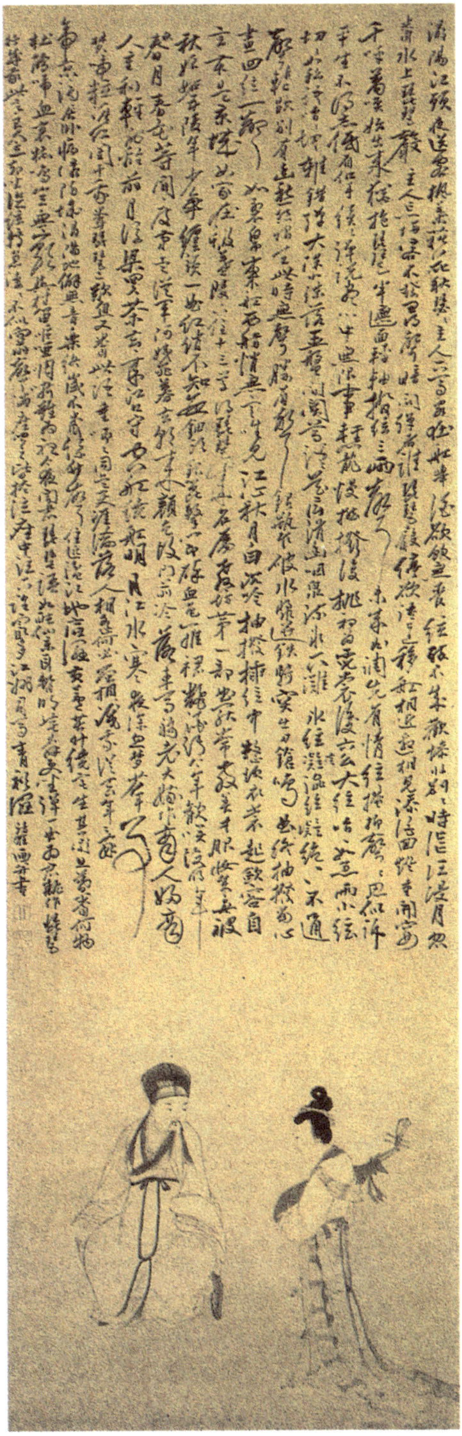

◎白居易《琵琶行图轴》。唐代诗人白居易的诗作经过缮写模刻，也可在草市上出售。

另外，还有一种与草市、墟市都不同的集市，这是一种较为高级的集市形式，类似于后代的庙会。这种集市尤为重要的是作为外地、远地甚至外国商客购销商品的场所。当时很多大宗的交易就是在这类市场上进行的。配合集市，还举行竞技、比赛等各种娱乐活动。

文化小辞典

笔记小说《酉阳杂俎》

《酉阳杂俎》为唐代笔记小说集，撰者为唐代小说家、骈文家段成式（803~863年）。段成式字柯古，临淄（今山东淄博东北）人。父文昌，官至宰相。段成式以荫入官，省校书郎，累迁至吉州刺史，终太常少卿。所著以笔记小说集《酉阳杂俎》最著名。

《酉阳杂俎》前集20卷共30篇，续集10卷共6篇。所记有仙佛鬼怪、人事以至动物、植物、酒食、寺庙等等，分类编录，一部分内容属志怪传奇类，另一些记载各地与异域珍异之物，与晋张华《博物志》相类。其所记述，或采缉旧闻，或出自己撰，“多诡怪不经之谈，荒渺无稽之物，而遗文秘籍，亦往往错出其中，故论者虽病其浮夸，而不能不相征引”（《四库全书总目》）。

《酉阳杂俎》中不少篇目颇为诡异，如记道术的叫《壶史》，叙佛事的叫《贝编》，述丧葬的叫《尸穸》，志怪异的叫《诺皋记》等。续集中有《寺塔记》二卷，详述长安诸佛寺的建筑、壁画等情况，保存了许多珍贵史料，每为后代编长安史志者所取资。

◎唐残字纸。唐代文学兴盛，形式多样，历史笔记也开始形成，多数具有较高的史料价值。

府兵制兴盛

府兵制创立于西魏，在后周、隋代得到发展，至唐代前期逐步发展到最兴盛时期。

武德初年，设置军府，由骠骑、车骑两将军府统领。武德六年（623年），改骠骑统军，车骑为别将。到贞观十年（636年），又改统军为折冲都尉，别将为果毅都尉。军府改称折冲府。

府兵自用武器、装备以及征途所需粮食都由府兵自备；禁兵器，如甲、弩、矛、矛肖、战马等，由国家供给。到开元年间，府长所需粮食、衣物费用由所在州县供给。

府兵制属义务兵役制。士兵服役年龄一般为21岁到60岁，实际上是终身服役。府兵轮流到京城宿卫，按路程远近分番轮流，500里内为五番（5人一组互轮，每5个月上番一次），1000里内为七番，1500里内为八番，2000里内为十番，2000里外为十二番。每番一个月。军府大部分分布于京师附近的关内、河东、河南等道，以关中临举四方，巩固中央集权制度。

府兵平时从事农业生产，农闲时参加军事训练。各级长官向府兵灌输忠君思想。这种从上至下对府兵的重视，使府兵表现出较高的军事素质和政治素质。

唐蕃和亲·文成公主入藏

公元7世纪初，松赞干布统一吐蕃后就与唐建立了友好关系。在以后的发展过程中，唐蕃双方使节往来异常频繁，据不完全统计，在634年至846年期间，共有100多次，其中唐入吐蕃66次，吐蕃入唐35次。使臣的任务各种各样，主要是双方的和亲与会盟。

唐与吐蕃的和亲是在吐蕃建国之初开始的。松赞干布渴慕唐风，以能与唐和亲为荣。640年，松赞干布遣大相禄东赞至长安，献金5000两、珍玩数百请婚。太宗许嫁宗女文成公主。

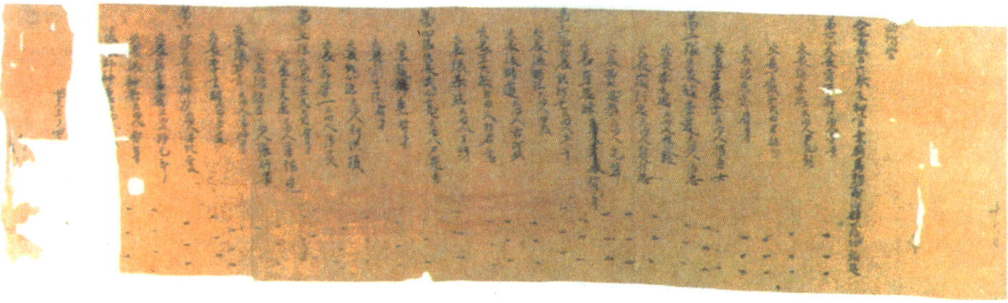

◎唐西州营名籍。从新疆吐鲁番出土的唐西州营名籍可以窥见唐王朝设西州都督府的规模。

◎西藏大昭寺文成公主金像。文成公主入藏后，得到了当地人民极大的爱戴和尊敬。

641年，文成公主前往吐蕃。

据《吐蕃王朝世袭明鉴》等书记载，文成公主一行队伍非常庞大，唐太宗给的陪嫁十分丰厚，有“释迦佛像，珍宝，金玉书橱，360卷经典，各种金玉饰物”，又给多种烹饪食物，各种饮料，各种花纹图案的锦缎垫被，卜筮经典300种，识别善恶的明鉴，营造与工技著作60种，治404种病的医方100种，医学论著4种，诊断法5种，医疗器械6种。文成公主又携带各种谷物和芜菁种子等入藏。

松赞干布亲迎于河源，对唐行子婿之礼，还专建宫室供文成公主居住。

文成公主的随行队伍中还有各种工匠，这一队伍成为传播中原先进的农业、手工业、文化科学技术的使者。

文化小辞典

阎立本丹青

阎立本，初唐杰出的工艺家与人物画家。626年，受命画《秦府十八学士图》；贞观十七年（643年），又应诏画《凌烟阁功臣二十四人图》。另外，他还作有《西域图》、《永徽朝臣图》、《步辇图》及《历代帝王图》。他的画线条流畅，色彩渲染浓重淳净，富有韵律感，构图比例和谐，技法纯熟，刻画入微。阎立本的画尤以《步辇图》和《历代帝王图》备受后人推崇。

《步辇图》描绘的是贞观十五年（641年）唐太宗把文成公主嫁给吐蕃王松赞干布，松赞干布派使者禄东赞来大唐迎公主受到太宗接见的历史事件。

《历代帝王图》描绘了西汉至隋的13个帝王像，创作主旨是为了“戒恶思贤”。从画面可以看出，阎立本非常注意整幅图画中人物的比例，避免孤立脱节，有重点有分寸地刻画了不同人物在特定场合中的各种动作、表情、心理状态。

唐代评论家认为阎立本的画“六法皆备，万象不失”，“象人之妙，号为中兴”。他的画体现了他的艺术风格和政治素质，使他成为初唐最具代表性的著名画家。后人称赞他“兼能书画，朝廷号为丹青神化”。

◎阎立本《伏羲女娲图》。阎立本是初唐最具代表性的著名画家，其丹青出神入化。

逸闻趣事　画功臣于凌烟阁

凌烟阁位于唐都长安内，坐落于太极宫内东北，阁内共设三隔，分别绘画功高宰辅侯王及其他功臣像。

唐太宗贞观十七年（643年）二月，为表示不忘旧臣功劳，太宗下令画各功臣像于凌烟阁。太宗自己作赞，褚遂良题阁，阎立本绘画。共绘有24位功臣像，他们是长孙无忌、李孝恭、杜如晦、魏征、房玄龄、高士廉、尉迟敬德、李靖、萧瑀、段志玄、刘弘基、屈突通、殷开山、柴绍、长孙顺德、张亮、侯君集、张公谨、程知节、虞世南、刘政会、唐俭、李世勣、秦叔宝。

◎阎立本《步辇图》。该作品描绘唐太宗接见来迎接文成公主的吐蕃使臣禄东赞的情景。太宗端坐在宫女抬着的步辇上，禄东赞和朝臣内侍站立一旁。该作品具有重要的历史和艺术价值。

唐太宗更立太子

贞观十六年（642年），唐太宗因太子承乾失德，魏王泰得宠，为解除天下疑惑，二月，任命魏征为太子太师，辅佐承乾，以昭示天下无废立之心。但太子承乾贪图享乐，荒废学业，令太宗失望。同时汉王李元昌（太宗弟）也经常做违法之事，太宗多次责备他。因而太子、汉王两人耿耿于怀，便笼络朝臣，树朋党与魏王泰相对抗，还私下豢养刺客纥干承基及百余名壮士，预谋杀魏王泰。

太子承乾见李泰恩宠日隆，日益不安，便纠集大臣侯君集及汉王元昌等密谋造反，纥干承基上告太宗太子谋反之事。贞观十七年（643年）四月，太宗下诏废太子承乾为庶人，赐汉王元昌自尽，侯君集及参与主谋者均被斩。

承乾被废后，太宗与长孙无忌、房玄龄、李世勣、褚遂良等议立太子之事，太宗犹豫不决，欲立有才华的魏王泰，又恐重演父辈骨肉相残悲剧；欲立晋王治，又嫌其懦弱。最后太宗接受长孙无忌、褚遂良等元老重臣的意见，于贞观十七年（643）四月七日，诏立晋王治为皇太子，并同时幽禁魏王泰于北苑。九月，太宗任长孙无忌为太子太师，房玄龄为太傅，肖瑀为太保，李世勣为太子詹事。

◎唐太宗像（选自《古帝王图》）。唐太宗因玄武门之变而登基，因此很怕儿子们重演父辈骨肉相残的悲剧。

唐太宗征高句丽无功而返

唐初，朝鲜半岛高句丽、新罗、百济三国均与唐通好，三国素有隙，互相攻击，后听唐使劝和罢兵。贞观十六年（642年），高句丽权臣渊盖苏文发动兵变，专霸国政。次年联合百济猛攻新罗，唐遣使嘱高句丽罢兵，不听。四月，太宗诏令出兵征高句丽。

贞观十八年（644年），太宗诏命饶、洪、江三州造船400艘用以运军粮，遣幽、营二都督兵及契丹、奚、靺鞨之众先击辽东（今辽宁辽阳）作试探；以韦挺为馈运使，节度河北诸

◎高丽角抵壁画。唐与高丽多次发生战争。

州；命肖锐运河南诸州粮入海。

贞观十九年（645年）正月，太宗亲统诸军自洛阳北上定州（今河北定县），留太子治监国，肖瑀为洛阳宫留守。五月，令大将张亮率军从东莱（今山东掖县）渡海向东，袭击高句丽占据的卑沙城（今辽宁海城）。程名振、王文度等行军城下，攻克卑沙城，俘获男女8000余人。太宗又命李世勣为辽东道行军大总管，率大军进至辽东城下，高句丽派兵4万援救辽东，唐将李道宗、马文举奋勇冲杀，歼高句丽军千余人。

太宗亲临辽东后，唐军士气大振，攻克辽东城，歼敌万余人，俘获男女4万人。太宗设辽东城为辽州。同月，唐军围攻高句丽白岩城。六月，李世勣率军猛攻白岩城，太宗亲临指挥，白岩城守将孙代音被迫投降，太宗以白岩城为岩州，以孙代音为刺史。同月，唐军进围安市城（今辽宁海城南之营城子）。高句丽派高延寿、高惠真统兵15万救援，太宗、李世勣布阵，大败高句丽军，高延寿、高惠真随后率残部36000余人降唐，是役唐军歼敌2000余人，俘虏无数，高句丽举国震动。

此后太宗未采纳先攻弱城，后攻安市城的建议，而继续围攻安市城60余日不下，最终于贞观十九年（645年）九月下诏班师，无功而返。

李靖论兵

李靖（571～649年），字药师，京兆三原（今陕西三原）人，是唐代著名军事家。他少时精研孙吴兵法，在后来的长期征战过程中总结出自己较为系统的军事思想，主要体现在《卫公兵法》和《李卫公问对》等兵书中。

《卫公兵法》又称《大唐卫公李靖兵法》，分为上、中、下三卷，在军事学术上颇有见解。

李靖特别强调以谋取胜，主张将领谋深虑远，反对临机应敌、陷于困境。

李靖还从理论上提出“持久战”问题，他对“兵之情主速”进行了具体分析，认为速战速决与持久战应根据实际情况使用，二者不可偏废，从理论上纠正了只讲速战、反对持久战的片面观点，成为《卫公兵法》军事理论上的一个重要贡献。

◎唐代王知敬《李靖碑》。李靖是唐代著名的军事家，著有《卫公兵法》和《李卫公问对》等兵书。

在治军方面，李靖突出严格赏罚，他认为赏罚分明是治军的当务之急，赏罚的施行要讲求时效性，并对如何实施赏罚作了详细规定。同时他也强调爱护兵士。

《卫公兵法》还以较多篇幅论及战术问题，表明李靖对这个问题的高度重视和高深造诣。

《李卫公问对》又名《唐太宗李卫公问对》，简称《问对》，是以唐太宗与李靖讨论兵法的形式写成的问答体兵书。书中提出，用兵的核心问题是争取主动权，无论进攻还是防御，这都是首要问题。这一观点至今仍堪称真知灼见。

《问对》总结前代兵家的见解，指出战场上没有固定划分，正和奇不是一成不变的，奇、正在一定的条件下相互转化，善用兵者必须善于运用奇正转变规律，使敌人难以预料，以达到制敌的目的，这一论点明显高于前人。

《问对》也揭示了奇正与虚实的内在联系，指出只有知奇正，才能知敌虚实；只有知敌虚实，才能正确使用奇正，这样就能制敌而不被敌所知。

振兴儒学运动兴起

隋唐五代的教育主要是注重儒学的教育，学制系统基本上是围绕儒学的基本精神建立和发展的。但在隋代，佛家、道家思想严重威胁了儒学在教育和思想领域中的统治地位，隋文帝在兴废儒学方面的反复就是典型的例子。

在唐初的100年时间里，统治者摒弃了隋朝弃儒佞佛的做法，在注重“三教并重”政策的同时突出了儒学在文教事业发展中的统治地位。在这种良好的环境中，儒学统一和复兴的局面出现。

隋唐五代的儒学不是传统儒学，而是经过整理和改造后的儒学，所以更加符合统治者的利益，也能得到历朝帝王的提倡。唐太宗在为太子所作的《帝范》12篇中，基本上都采用了儒家的帝王之术思想。唐玄宗在开元二十年（732年）下诏称孔子之术能启迪苍灵，美政教，化风俗，为此特追封孔子为文宣王，将孔子抬上了帝王之位。

但唐太宗以后，崇佛崇道之风不断兴盛起来，有不少人提出过以儒为主，合汇三教的积极主张，揭开了隋唐五代儒学思想矛盾、变化和发展的序幕。这一时期的儒学发展形态可以被称为“前理学时期”的儒学，是宋代理学思想的渊源。

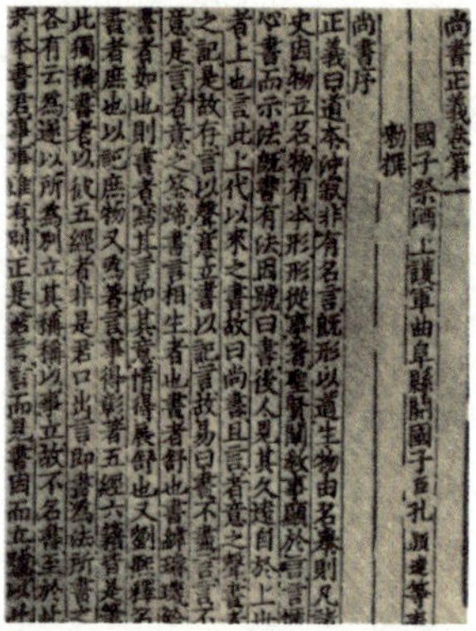

◎《五经正义》书影。孔颖达奉太宗命撰《五经正义》，为唐代科举考试提供了标准的经学典籍。

小文化辞典

“南青北白”

唐代陶瓷出现了“南青北白”的局面，同时还烧出成熟的黑、黄、花瓷。最引人注目的是创烧出中外闻名的唐三彩和釉下彩。《陶录》上说“陶至唐而盛，始有窑名”，一些制瓷中心逐渐形成名窑，如越窑青瓷（秘色瓷）、邢窑白瓷、长沙铜官窑釉下彩绘等。

唐代青瓷是唐代陶瓷的主流，窑址遍布南北，其中南方越窑青瓷最有名，最有代表性，主要分布于对外贸易港口明州（宁波）附近，窑场林立，大量生产，大量出口。越窑青瓷胎骨较薄，施釉均匀，青釉莹润，多作茶具，这与当时饮茶之风盛行有关，陆羽《茶经》品评当时各地瓷器茶具时说“越州上”、“类玉”、“类冰”。越窑青瓷除出口外，还供宫廷使用，朝廷设官督造，从此开历代官窑之先河，因此越窑青瓷又叫“秘色瓷”。

唐代陶瓷“南青北白”，说明当时白瓷主要产于北方，其中河北临城邢窑最有名，与南方越窑并称。

邢窑白瓷生产始于初唐，开元、贞元时普及全国，“天下无贵贱通用之”（《国史补》）。陆羽《茶经》说它“类银”、“类雪”，胎上挂白化妆土，再上白透明釉，釉色白中闪黄。器内满釉，器外半釉，釉不到足，自然垂流。

唐后期改为施全釉，体薄釉润，胎釉皆白，光洁纯净。器形朴素大方，不施纹样，有罐、壶、瓶、碗、盘、枕、烛台、玩具等，底多为平底和宽边玉璧底。

◎唐绿釉罐

◎唐白釉罐

邸店成为最早的钱庄

邸店最早出现于南朝时期，到隋唐时获得了很大的发展。唐初时法律上明确规定了邸店的含义为“居物之处为邸，沽卖之所为店”。但邸店实际上并没有这样严格的区别，事实上成为存积货物、商品贸易和商旅住宿的场所，经营的商品数量大，营业额极丰，生意非常兴隆，这需要有大量的款项来收储拨兑，所以邸店又开设了很多金融业务，于是邸店成为中国最早的钱庄。

邸店既经营直接交易，又经营居间交易，还开办大量的储员、住客业务，所获的利润非常丰厚，邸店的金融业务规模也很大，经手的数目常常过千万，吸引了很多富商大贾在京城、各重要的通商口岸和商业发达的城市大量地开设邸店。据《太平广记》记载，定州的何名远在每一个驿站旁边都设立邸店；有的大商人在

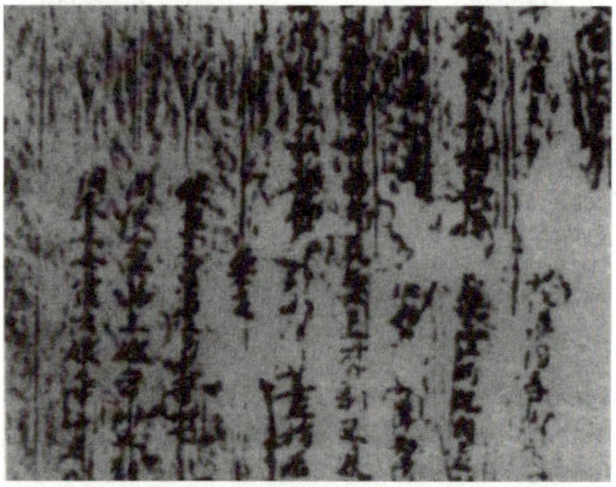

◎唐霍昕悦借票文书。唐代金融业务颇具规模，项目众多。

长安西市的秤行南边开办了20多间邸店，每天获利润几千文；西京的富商邹凤炽所造的邸店更是“遍布海内，四方物尽为所收”。官员和各种富商开办的邸店越来越多，使这种最早的钱庄迅速发展起来。邸店对唐朝商业发展起了很大的促进作用。

长安坊市兴旺

唐代社会安定，经济发展，商业继隋代之后继续繁荣，并取得了大的进展。唐都长安仍然实行坊市制，繁华程度远远超过隋代东京。

唐代城市工商业较为发达，市场规划整齐，被认为是坊市制最成熟的典型。长安城内有南北向大街11条，东西向大街14条，全城居民区分为14坊，每坊占300步。城南朱雀门大街的东西部各设有占地两坊的东市和西市，是集中的商业区。

全城街道笔直、整齐划一。市内货肆行铺林立，商贾聚集。东市有220行，四面设邸店，西市市内与东市相仿，“市署前有大衣行，杂糅货卖之所”（韦述《两京新记》）。会昌三年（843年），东市附近发生火灾，一下子烧毁东市曹门以西的13行4000多家店铺，由此可见当时店铺之多、规模之大。

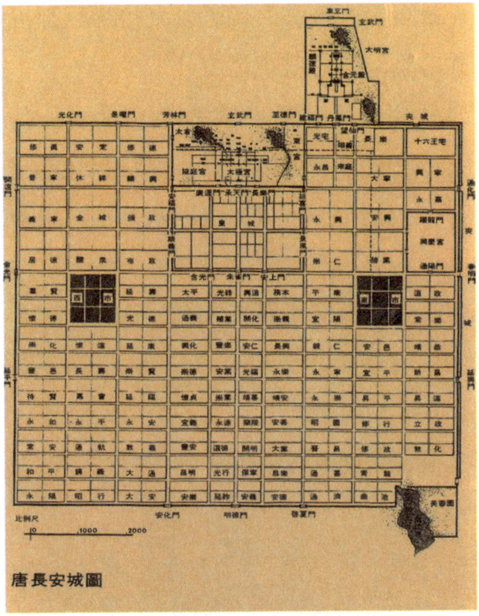

◎唐长安图。唐代工商业较为发达，长安城内街道整齐划一，朱雀门大街的东西部各设有东市和西市。

坊市制在唐代达到鼎盛时期，到北宋年间，这种自古相沿的商业体制被打破，市场的地域限制和时间限制逐渐取消，城里随处可开设商铺，小商贩也可在各处沿街叫卖，夜市盛行，城市各处都形成繁华的商业区，并出现专门性批发交易市场。明清之后，近代市场形成。

离宫别院兴盛

隋唐的统治者为了满足其避暑消夏和穷奢极欲的需求，在长安、洛阳附近和全国许多环境优美的风景名胜之地兴建了众多离宫别院，其中以九成宫和华清宫最为典型。

华清宫，为唐代所建离宫之首，位于陕西省临潼县骊山北麓，此地有温泉涌出，山上瀑布泉，重岗青翠，景色绝佳。唐贞观十八年（644年）在此修建温泉宫，747年，又大举兴造扩建，并更名华清宫。华清宫面北，宫内随地势之高下曲折，因地制宜规划修建殿、台、亭、阁几十处，寝殿名飞霜殿，掩映在青松翠柏之间。华清宫是中国历史上最著名的离宫型园林。

九成宫，住于陕西省麟游县附近的天台山上。这里层峦叠嶂，群峰环绕，松柏常青，泽茂草丰，又以醴泉而闻名。九成宫始建于隋文帝开皇十三年（593年），初名仁寿宫，后毁于战火。唐太宗贞观五年（631年），在基址上将宫殿重新修复，更名九成宫。它规模宏大，宫内建有华丽的殿寝楼台，引水凿池泛舟，环池建飞廊高阁，并建有宫寺、武库等建筑。

从华清宫、九成宫可以看到，唐代是离宫别院建筑的极盛时代。

◎华清宫。华清宫为唐代所建离宫之首，唐明皇与杨贵妃的故事大多是以华清宫为背景的。

卷轴装、经折装图书盛行

从隋唐开始，卷轴装、经折装图书先后盛行。

隋唐主要是写本书，尤其6～7世纪是写本发展到最高峰的时期。作为这时期写本书形式的卷轴制度，发展到了一定的高度。

在历史上，写本书是接续着帛书出现的。写本书书写时可以“依书长短，随而裁之”，要用几张纸粘连才能成为一卷。纸卷的长度不同，长的有二三丈，短的仅二三尺；每张纸的一般长度为40～50厘米，高25～27厘米。

一部书往往有许多卷，为了免于把一部书和别的书混在一起，通常用布或其他材料包裹起来，叫作“帙”。

卷子在书架上排列时总是轴头向外，这样就便于抽出和插入，所以称为“插架”。经过长期的使用，人们对卷子的形式感到不便。因为卷子展开、卷起都非常费时费事，如果想在一卷的中段或末段检查一字一句，需要展开全卷或大半卷又重新卷起。于是有人把一幅长卷一反一正地折叠起来，成为长方形的一叠，在这叠纸的前后各加一张硬纸，以便保护。这就出现了一种新的书籍形式，称为“经折装”，在使用上更为便利了，人们要查阅哪一页书，就可以直接翻到那一页，而无需把全卷都展开来了。

经折装是折叠式的最初形式，使用时较卷子便利。根据其容易散开的缺点，人们后来又对其加以改进，成为“旋风装”，实质上已是册页的书，而在外形上却还保留着卷子的形式。

由卷轴装到经折装，反映着古书从旧形式向新的书籍形式的演变过程。

◎线装本《金刚般若波罗蜜经》。此线装本图书发现于敦煌藏经洞。

◎卷轴装《齐民要术》。卷轴装图书流行于隋唐，相对于经折装，卷轴装使用较为不便，因此渐向经折装演变。

逸闻趣事

文人与踏歌风气

唐代舞蹈高度发展，群众性舞蹈活动亦十分兴盛。踏歌便是一种极为盛行的群众性节日歌舞。

踏歌历史十分悠久。相传尧帝时“有壤父五十人，击壤于康衢”（《太平御览》引《逸士传》的《击壤歌》），也是与踏歌十分相似的民间歌舞。原始时代氏族成员人人都可参加的歌舞，应是踏歌的渊源。

唐代，在乡村、城镇，甚至宫廷组织的庆祝活动中，踏歌是人们十分喜爱的自由舞蹈。当时许多著名诗篇描述了民间踏歌的情景：“李白乘舟将欲行，忽闻岸上踏歌声。”

据《朝野佥载》说，先天二年（713年）元宵节之夜，在安福门外装置了高20余丈的大灯轮，燃灯5万盏。上千名宫女穿锦绣衣，戴珠翠饰品（据说装扮一名女伎需300贯钱）。又从长安、万年（今临潼县西北）选出千余个青年女子，也穿戴得十分华丽，组成数千人的踏歌队伍，在灯轮、火树、银花之下踏歌三日三夜。

《新唐书·礼乐志》和《乐书》也记载了大中初（847~852年）一次欢宴群臣时曾组织过数百名伶人踏歌的史实。那些女伶，穿丹黄或浅紫色绣衣，饰珠翠，分行列队，趋走俯仰，联袂而歌。乐声清越有如仙乐一般。当时的文人学士为宫廷踏歌作过许多《踏歌词》，在作为唱词的同时，也描绘了宫廷踏歌豪华盛大的场景和旖旎万方的歌情舞态：

“彩女迎金屋，仙姬出画堂。鸳鸯裁锦袖，翡翠帖花黄。歌响舞分行，艳色动流光……金壶催夜尽，罗袖拂寒轻。乐笑畅欢情，未半著天明。”（崔液）

“龙衔火树千灯艳，鸡踏莲花万岁春……西域灯轮千影合，东华金阙万重开。”（张说）

“倩看飘飖雪，何如舞袖回……欲问今宵乐，但听歌声齐。”（谢偃）

“三百内人连袖舞，一时天上著词声。”（张祜）

敦煌莫高窟220窟北壁，《东方药师净土变》描绘“极乐世界”的初唐壁画，金碧辉煌，再现了唐代宫廷乐舞的盛大场景：高大的灯楼耸立中间，舞人排列两旁，两株灯树分立，彩灯满缀。它形象地印证了史籍记载及唐人诗歌中关于宫廷踏歌活动的描述。

◎唐踏谣娘舞俑。唐代踏歌兴盛，唐诗中多有反映。

走马灯

文化小辞典

隋唐时期，社会的经济、生产大为发展，人们的生活水平也得到了很大提高。为了满足人们各方面的娱乐需要，丰富人们的业余生活，许多游艺性机械出现。走马灯就是在这时出现的。

“走马灯”是后人的称谓，其实它是一种特殊的灯笼。发明家依据燃气动力原理，设计了如下结构与装置：在灯笼的正中处竖一立轴，立轴上部横置一个叶轮；叶轮下面，靠近立轴根部处放置一盏灯或一支蜡烛；灯（或烛）燃着后所形成的热空气产生上腾力，就会推动叶轮回转，与立轴相连的纸剪人物和骏马也就跟着一起转动，看上去像是在奔跑。那些东西都是罩在灯笼里面的，旋转时它们的影子就会投射到外壁上，于是就产生了许多有趣的活动画面。

有关走马灯的记载约见于唐代。郑处诲《明皇杂录》中提到，唐明皇在东都恰巧赶上正月元宵夜，就下榻上阳宫，挂起了许多影灯。《说郛》收《影灯记》说，描述洛阳的人家元宵节时以拥有影灯多而为豪，形容那种盛景的词是“千家万影”。可见当时人们是如何的喜欢走马灯，从一个侧面也说明当时社会的兴盛景象。

◎唐张萱《虢国夫人游春图》宋摹本（局部）

唐太宗去世·李治即位

贞观二十三年（649年）五月，唐太宗病逝于翠微宫。唐太宗李世民（599～649年），隋朝末年追随其父李渊在太原起兵，曾镇压窦建德等农民起义军，又消灭了薛仁果、王世充等隋末旧将的割据势力，为唐王朝的建立立下汗马功劳。

武德九年（626年）发动玄武门之变，成太子，后登上帝位。在位期间，推行府兵制、均田制、租庸调制，并加强对地方官吏的考核，令人修《氏族志》、《五经正义》，发展科举制度。

他吸收隋朝灭亡的教训，任用贤人，纳谏，唐初出现魏征等正直谏臣，房玄龄、杜如晦等名相。贞观年间社会经济恢复发展，被称为“贞观之治”。

贞观四年（630年）击败东突厥，被铁勒、回纥等族尊为天可汗。平定薛延陀，击溃龟兹，还曾发展西域的交通，促进贸易和文化交流。贞观十五年（641年），以文成公主嫁吐蕃

◎唐太宗昭陵。公元649年，唐太宗病逝于翠微宫含风殿。

王松赞干布，促进了藏族经济、文化的发展，加强了汉、藏两族的友谊。贞观末为征高丽，连年用兵，并营造宫殿，加重赋役，加深了阶级矛盾。

贞观二十二年（648年）正月，太宗亲撰《帝范》12篇赐予太子李治，坦率承认自己并非完人，多有不当之举。弥留之际，太宗叮嘱丧事从简，并令长孙无忌、褚遂良等辅佐太子，随后病逝于翠微宫含风殿。

李治即位，世称高宗。

《唐律疏议》颁布

永徽二年（651年），高宗令长孙无忌等撰《永徽律》，分律、令、格、式4种，共500条，分《名例律》、《卫禁律》、《职制律》、《户婚律》、《厩库律》、《擅兴律》、《贼盗律》、《斗讼律》、《诈伪律》、《杂律》、《捕亡律》、《断狱律》12篇。

为了统一解释律文，永徽三年（652年），高宗又令长孙无忌、李勣、于志宁等人做解释律文的疏议，共12篇30卷，原名《疏议》，后宋改为《唐律疏议》。它照录《永徽律》原文，逐条进行注解。其注解是集中唐以前法律大成的法典，着重鼓吹君主专制、封建伦理和等级制度。

◎新疆吐鲁番出土的唐律残片。唐律为唐代律典总称。

《唐律疏议》是宋、元、明、清各朝代制定和解释封建法典的蓝本，是中国现存至今最古老、最系统、最完整的封建法典，对中国及国外都产生了深远的影响。到永徽四年（653年）十月，颁行全国，标志着唐律的完善。

日本遣唐使来华

永徽四年（653年）五月，日本派遣唐大使吉士长丹、副使吉士驹等121人同乘一条船赴唐（据说还有学问僧、学生14人），同时派遣唐大使高田根麻吕等120人乘另一艘船赴唐。七月，高田根麻吕等120人所乘之船在萨摩国萨麻郡邻近地区遇难。这是日本遣唐使第二次来华，也是日本大化革新后首次遣使赴唐。

永徽五年（654年）二月，日本遣

◎遣唐使船（部分）。从唐初至唐末，日本共19次派遣遣唐使至中国，学习中国文化。

唐押使高向玄理、大使河边麻吕、副使药师惠日赴唐。押使高向玄理（曾为长安留学生）在唐病死。七月，前遣唐大使吉士长丹等与新罗百济使一同回到筑紫。

从贞观四年（630年）始至乾宁元年（894年），日本共19次遣使来华。日本遣唐使来华，加强了中日两国的文化交流。

武则天立为皇后

武则天（624～705年），名曌，父亲武士彟原先经营木材，后因军功而发迹。

武氏自幼好学文史，巧慧善权术。14岁时，因貌美被太宗纳入宫中为才人，赐号武媚，太宗死后，入庵为尼。太子李治颇喜武媚才色，即帝位后，因王皇后欲借武媚使高宗疏远萧淑妃，屡劝高宗纳武媚，遂召入宫，颇受高宗宠信，封号昭仪。王皇后、萧淑妃渐渐失宠。相传武则天扼死自己亲生女，诬为皇后所为，高宗始有废皇后之意。高宗征求权臣长孙无忌意见，长孙无忌坚决反对。

永徽六年（655年）五月，中书舍人李义府为长孙无忌所恶，将调远州司马，采他人建议，上表请废王皇后，立武昭仪，迎合高宗之意，高宗甚悦，赐珠一斗，留居旧职，武昭仪亦密使人劳勉李义府，后又拜中书侍郎，遂成武氏心腹。

九月，高宗几次召见长孙无忌，李世勣、褚遂良、于志宁等元老重臣议废皇后之事，均坚决反对，理由是：“皇后名家，先帝为陛下所娶，武氏出身低微，曾事先帝，立之恐以恶名留世。”宰相韩瑗、宋济也力谏。后高宗以废后事问李世勣，李世勣因与长孙无忌等有隙，遂说：“此陛下家事，何必更问外人？”

高宗遂以王皇后无子，武昭仪有子，于十月下诏废王皇后、萧淑妃为庶人，册立武昭仪为皇后，武氏时年30岁。不久，武后将王皇后和萧淑妃幽禁起来，并用极其残酷的手段斩去手足，置酒瓮中，数日而死。

小文化辞典

褚遂良书法

褚遂良（596～658年）是唐代著名书法家，他是继“二王”、欧、虞之后又一位传世大家。他的书法别开生面，变化多姿，集隋唐之际书风之大成，与欧阳询、虞世南、薛稷合称初唐书法四家。

唐代书法艺术继隋之后，真草步入规范化发展的轨道。由于统治者的提倡和爱好，政府置书学、设书学博士，吏部选官“必限书判”。在这样的情况下，有唐一代工书者甚众，书法名家辈出，褚遂良是其中著名的一位。

褚遂良字登善，钱塘人。父亲褚亮在唐太宗时任文学馆学士，与当时著名书法家欧阳询、虞世南是朋友。褚遂良曾任起居郎、太子宾客、黄门侍郎，最后拜中书令。后因反对高宗立武则天为后，被贬至死。

褚遂良的书法在欧、虞之后独树一帜。他学习前辈各家各派书风，融会贯通，自成一家，被时人评为“字里金生，行间玉润，法则温雅，美丽多方”。他对王羲之书法有极深的研究。

贞观十二年（638年），虞世南去世，唐太宗无人论书，魏征推荐褚遂良为太宗搜集整理“二王”书法，著成《右军书目》。他的书法前期古朴方整、结体宽博，带有浓厚的六朝遗风，且受隶书影响，以《伊阙佛龛碑》和《孟法师碑》为代表；后期则发生较大变化，创造了绰约婀娜、遒逸婉媚的风格，代表作是《雁塔圣教序碑》。《孟法师碑》立于贞观十六年（642年），碑已不存，唐拓孤本存于日本，李宗翰认为此碑“遒丽处似虞，端劲处似欧，而运以分隶遗法，风规振六代之余，高古近二王以上”，评价极高，指出他的书风融合各家优势，独创一格。《书概》也评他的《伊阙佛龛碑》“兼有欧虞之胜”，米芾《续书评》认为他的《雁塔圣教序》“别有一种骄色”。这些评价高度赞扬褚遂良的书法成就，特别指出他集隋唐书家之大成，自成面貌。

褚遂良书风融会钟繇、王羲之、欧阳询、虞世南各家之长，一时风靡天下，其影响深远，经久不衰。

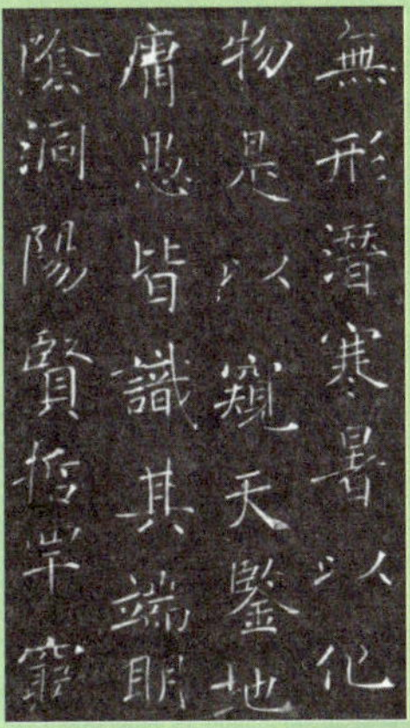

◎褚遂良《孟法师碑》。褚遂良的书法温雅玉润，美丽多方，集隋唐之际书风之大成。

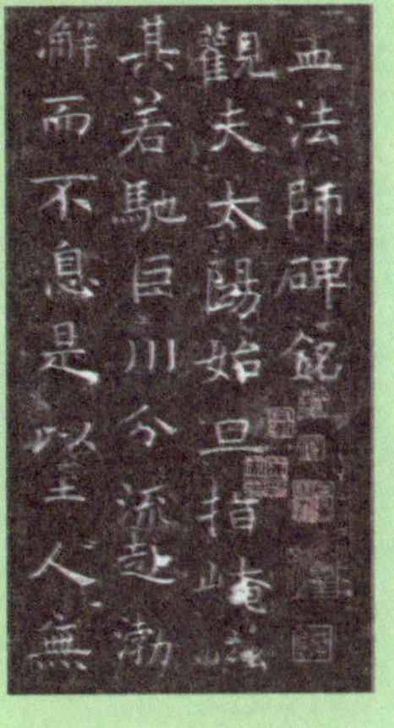

◎褚遂良《雁塔圣教序》。该作品是褚遂良后期代表作，创造了绰约婀娜、遒逸婉媚的风格。

小辞典 文化

算学科

唐初，国子监中设立了算学科。

中国的数学教育有悠久的历史，唐代承袭了隋代的数学教育制度，并有所发展。除机构、人员的设置与隋代类似外，还明确规定了教材、学制和考试制度，体制比较完善。唐初在国子监中设立的算学科有博士二人，从九品下，助教一人（见《新唐书·百官志》）。

算学科的教材是由唐初著名历算家李淳风等人奉诏注释校订的10部数学书，分别是：《九章算术》、《海岛算经》、《孙子算经》、《五经算术》、《五曹算经》、《张邱建算经》、《周髀算经》、《缀术》、《缉古算经》和《夏侯阳算经》。

算学科的考试制度也有明确的规定，从10部算经及《数术记遗》、《三等数》中抽取题目，按要求合格者即为及第，及第后可任从九品以下的官阶。

隋唐时期政府直接控制数学教育，从机构、教师、学生、教材、考试及待遇各方面，首创了一整套相当完善的制度，这在世界上是罕见的。但由于统治者只凭一时好恶随意兴废数学教育，所以隋唐时期数学教育的效果不算太好，而当时稍有名望的数学家、天文学家如刘焯、刘炫、王孝通、李淳风、一行、边冈等，没有一人是经过政府的数学教育培养出来的。

伊斯兰教传入

唐高宗永徽二年（651年），大食国派使节来长安朝贡，被史学家作为伊斯兰教正式传入中国的标志。其实，阿拉伯人来中国沿海与边远地区进行商业贸易，并建清真寺做礼拜的时间，也许更早一些。

伊斯兰教是阿拉伯的国教，这些来华的阿拉伯使节、商人、旅行家、航海家便是使伊斯兰教传入中国内地和沿海的媒介。其中许多在中国定居并娶妻生子，出现“五世蕃客”、“土生蕃客”，成为中国最早的伊斯兰教徒。他们长期处在中国人之中，与中国传统不免会相互影响，相互渗透。清代以来，伊斯兰教中国化就是伊斯兰教与中国固有文化相融合的结果。

唐时，伊斯兰教在中国的信徒绝大部分是阿拉伯人及其后裔，他们没有向外传教扩张的野心，避免同中

◎伊斯兰圣墓。此墓位于泉州城东门外灵山，至今被视为伊斯兰教在东方的一大圣迹。

国儒、佛、道三教以及社会的其他政治势力发生碰撞纠葛，特别是避免了唐武宗灭佛教时对外来宗教的一并打击，使伊斯兰教以“大食殊俗”得以保存，并流传至今，逐步在吸收中国传统文化的过程中，形成了中国伊斯兰教的特色，完成了伊斯兰教的中国化进程。

薛仁贵三箭定天山

唐高宗年间，回纥与铁勒（即敕勒）的同罗、仆骨等部领兵侵扰唐朝边境，龙朔元年（661年）年底，唐政府派郑仁泰、薛仁贵等领军前往讨伐。

龙朔二年（662年）二月，铁勒九姓合众十余万人抗拒唐朝军队，派几十名士兵往唐军阵前挑战，薛仁贵三箭射死三人，其余的人都下马投降，薛仁贵带兵追击其余的铁勒部众，追到碛北（沙漠北），俘虏了叶护兄弟三人。军中有一首歌赞扬薛仁贵：“将军三箭定天山，壮士长歌入汉关。”

铁勒的思结、多滥等部向唐军投降，郑仁泰带兵大肆掠夺，夺取敌军辎重，至仙萼河，粮草耗尽，又遇上大雪，士兵死者十之八九。高宗下诏以契苾何力为铁勒道安抚使，劝降铁勒部，九胜遂定。

唐平定百济

显庆五年（660年）三月，新罗因百济联合高丽多次侵扰而向唐政府求援，唐派大将苏定方率水陆大军十万出击百济。

八月，苏定方率军渡海，在熊津江口击败百济军队，歼百济军几千人。后，水陆大军乘胜进击，直逼百济都城，百济都城全城出动迎战，唐军大

◎薛仁贵像。薛仁贵为唐代有名将领，民间关于他征战的传说流传很广。

◎苏定方像。苏定方是唐代大将，在平定百济的过程中发挥了重要作用。

败百济，歼其军万余人，百济国王及太子投降。唐在百济三地置熊津等五都督府，以百济的酋长为都督、刺史。

龙朔元年（661年），百济僧人道琛和旧将福信将故王子扶余丰从倭国迎回并立为百济王，进围唐守兵，唐政府派刘仁轨与新罗兵出击扶余丰等部。唐军从平壤撤离后，刘仁轨坚守熊津城。

龙朔二年（662年）七月，刘仁轨乘福信防备不严，突然袭击，大败百济军，攻占真岘等城。百济王扶余丰派使赴高丽、倭国请求救援。后扶余丰领倭兵抗击唐军。

龙朔三年（663年）八月，刘仁轨率军在白江口大败倭兵，焚毁倭兵船只400余艘，并攻下百济王城周留城，百济王扶余丰逃奔高丽，王子忠等人投降，百济尽平。高宗诏令刘仁轨领兵镇守百济，刘仁轨派人到百济各地宣布政令，劝课农桑，训练士卒，以图攻高丽，并派使宣谕倭国。

唐平定百济，此后倭国几百年不敢入朝鲜半岛。

唐军平定高句丽

乾封元年（666年），高句丽渊盖苏文死，长子渊男生代为莫离支，渊男生与弟渊男建、渊男产争权，渊男生派人向唐政府请求援兵。高宗乘高句丽内乱之机，命将军庞同善、薛仁贵等共同征讨高句丽。九月，庞同善大破渊男建的高句丽军，解渊男生之围。高宗诏授渊男生为持节、辽东大都督兼平壤道安抚大使，封玄菟郡公。

总章元年（668年），李世勣领兵攻克高句丽扶余川等四城，扶余十余城陆续投降。军队乘胜攻克大行城，大败高句丽军，攻克辱夷城，渊男建被俘。十二月，高宗下诏，男产授司宰少卿，男建被流放黔州，男生授右卫大将军。设安东都护府统辖高句丽之地。

咸亨元年（670年），高句丽人民不满唐朝统治，各地爆发大规模反抗斗争，新罗亦参与。四月，高句丽酋率众反唐，立高句丽王高藏外孙安舜王为王。唐派左监门大将军高侃为东州道行军总管，右领军大将军李谨行为燕山道行军总管，讨伐叛军。

咸亨四年（673年）闰五月，李谨行在瓠芦河之西击败高句丽兵，俘获数千人，这年的战事又以唐军大胜而告结束。至此，唐朝二次平定高句丽。

◎高丽壁画。图为羲和捧日与常羲捧月壁画。

逸闻趣事

上官仪谋废武后

武则天自从被唐高宗从庵里迎入宫后，多方设计，终于被册立为皇后。被册立为皇后之后，武则天风头无两，再也无人动摇得了她的地位。

显庆五年（660年）十月，高宗苦于目眩头重，眼睛不能看东西，百官上奏之事，有时便请武后决断，之后甚至正式将政事委任于她。武后权势日重，高宗又觉得自己受制于她，渐渐不高兴了。

一次，高宗下定了决心要废掉武后，命令上官仪起草废立诏书。武则天听到这个消息，马上到高宗那里自诉，这时正好废立的诏草还在，高宗又羞缩不忍了，只好说："我初无此心，皆上官仪教我。"

武后就设法杀了上官仪，籍没其全家，遭株连流贬的人很多。自此之后，高宗每视事，武则天均垂帘于后，政事无论大小，皆让武后知晓，天下大事决断权尽归武则天，天子只是拱手称同，中外称之为"二圣"并立。

◎唐代绢画仕女图。唐代妇女在中国历史上有着光彩夺目的形象。

官营手工业发展

唐代官府工业与前代相比，组织庞大而整齐，各部门的划分也十分精密和细致。

唐代中央设置四监来加强管理，少府监管理百工技巧，还管理各地的盐监和铸钱监；将作监管理土木工匠；军器监负责甲弩制造；都水监掌川泽津梁渠堰陂池之政。这四监都是唐代官府手工业的专设机构，分工细密，组织严谨。

唐代官府工业的性质仍然是建基于自然经济之上。官府工业的原料有三个来源：第一个来源是官府直接经营获得；第二个来源是土贡，由全国各地进贡而来；第三个来源是和市，政府强制性出钱收购原料。官府工业的这三种原料来源皆打上了行政强制的烙印。

◎唐白瓷菱花口盘

◎唐赤金碗

官府工业的生产者有三类：一是官奴婢和刑徒，这些人都属于罪犯；第二类是短蕃匠，由政府把工匠组织起来轮流服役；第三类是和雇匠，由政府雇募而来，给予一定报酬，但也不是自由出卖劳动力。

官府工业是唐政府维持其统治必不可少的部分，官府工业收益在政府财政收入中占有不可忽视的比重，那些制造兵器的行业，更是维护国家政权的重要条件。官府工业对民间工业的生产与技术发展起到促进作用。

造纸业蓬勃发展

隋唐是中国造纸史上的一个繁荣期，在这个时期，不论纸的产量、品种，还是造纸技术本身，都比前代有了长足的进步。

隋代国家疆域扩大，使得造纸业容易从全国选用各种优良的造纸原料，当时比较通用的原料主要是麻类，其次是皮类，从现代各地出土的隋唐时期的纸张可以看出这点。

隋唐造纸原料来自全国各地，也使得造纸作坊遍布全国。

造纸技术在隋唐五代时期得到了较为明显的进步，主要表现在“纸药”的发明和使用上。“纸药”是指

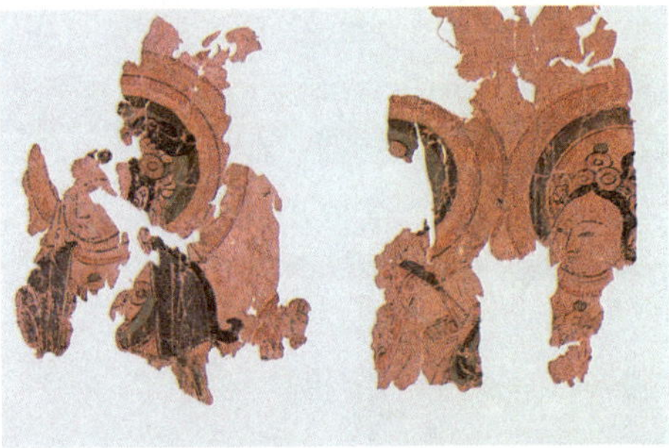

◎唐纸本佛画残片。菩萨像3个，皆向左。

◎唐纸本菩萨像残片。此菩萨头像已破损，可看出为典型唐代风格，面庞椭圆而丰满。

造纸过程中起悬浮剂作用的某些植物浆液，用以改善纸浆性能。隋唐时期采用植物浆液。纸张经过初步制作后，再进行表面处理，来阻塞纸面纤维间的部分毛孔。

隋唐时期的纸张，品种繁多，最为著名的当属宣纸。宣纸产于安徽省泾县一带，制作复杂，有细密（利于润墨）、光滑（利于运笔）、绵韧（利于笔墨皴擦）、洁白（利于显色）等特性，且不易被蚀蛀，便于长期保存，号称“千年寿纸”。

◎唐代马球图壁画。唐时马球兴盛，打马球的场景也反映到了壁画中。

◎唐观鸟捕蝉图壁画。宫廷生活和日常家居生活也是壁画的表现主题。

◎唐贞观年间仪卫壁画。仪仗出行是初唐壁画的一大表现主题。

初唐壁画场面盛大

初唐壁画突出表现了当时的仪仗出行、狩猎活动、宫廷生活和日常家居生活的各种场面。皇室成员的墓葬中，除常见的青龙、白虎外，还绘制了规模浩大、场面壮观的狩猎出行、仪仗出行等场面；文武官吏的墓葬中除绘青龙、白虎外，还有出游场面等，此外，还有礼宾、马球等图像。所有这些画面都从不同侧面反映了初唐时期的社会景象，场面壮阔宏大，欣欣向荣。

狩猎出行是初唐壁画中十分盛行的题材，反映了封建统治者崇尚狩猎的风气。唐太宗时期的阎立本、武则天时期的曹元廓都画过骑猎人物山水，但大都失传。李寿墓、章怀太子墓的狩猎出行壁画，可补画史之缺。

仪仗出行也是这一时期壁画的重

要题材。

马球运动是初唐的许多行乐壁画上常画的题材。盛极一时的马球运动为艺术家提供了生动的创作来源，章怀太子墓的马球图是目前发现的反映唐代马球运动最精彩的一幅。

小文化辞典

龙门石窟

龙门石窟开凿于北魏孝文帝迁都洛阳（公元494年）前后，后历经东西魏、北齐、北周，到隋唐连续大规模营造。

唐代时，尤其唐高宗、武则天时期所造窟龛最多。唐代的窟龛占龙门石窟总数的十分之六。在龙门开窟造像之风中，王室及文武官吏起着主导作用，其他还有僧尼、行会、士庶、街坊以及新罗、康居、吐火罗等外国僧俗。

唐代龙门石窟从规模上看有大洞、小洞、小龛三类，有700个窟龛。这一时期，窟龛中造像题材扩大了，除北朝已有的释迦、弥勒、无量寿、观世音、三世佛之外，出现了卢舍那、大日如来、地藏、优填王、业道、药师、宝胜如来、维卫佛、多臂菩萨、千手千眼观音和历代祖师像，同时还有刊造经文的人像。

唐代龙门石窟艺术在经过南北朝数百年发展之后，达到了成熟阶段。龙门窟龛的造像规模、题材、技巧，都达到了空前完美的程度。从唐太宗到唐玄宗初年这一段时期，龙门的造像活动一直比较兴盛。

龙门石窟地处中原，是外来的佛教艺术植根于民族传统艺术的土壤之中结出的丰硕成果，是中国古代雕塑艺术完整体系的集中表现。因此，龙门石窟在中国石窟艺术中有自己的特殊历史地位。

◎龙门石窟造像。图为奉先寺大卢舍那佛头部。卢舍那佛是奉先寺主佛，面容丰腴饱满，是唐代凿造的第一个大佛像。

◎龙门石窟造像。图为奉先寺药叉。

◎龙门石窟造像。图为奉先寺天王和力士。

人物小辞典

初唐四杰

初唐四杰是初唐文学家王勃、杨炯、卢照邻、骆宾王的合称。《旧唐书·杨炯传》说："炯与王勃、卢照邻、骆宾王以文词齐名，海内称为王杨卢骆，亦号为'四杰'。"

王勃（约650～676年），字子安，绛州龙门（今山西河津）人，唐代著名诗人。杨炯（650～693年），唐代诗人，弘农华阴（今属陕西）人。卢照邻（约637～约689年），唐代诗人，字升之，自号幽忧子，幽州范阳（今河北涿县）人。骆宾王（约640～684年），唐代诗人，字观光，婺州义乌（今浙江义乌）人。四人之中，尤以王勃文学创作成就最高，为"四杰"之冠。

从王勃的诗文可看出，"四杰"的诗文虽未摆脱齐梁以来绮丽余习，但已初步扭转了当时的文学风气。他们的诗歌，从宫廷走向人生，题材广泛，风格较清隽。陆时雍评价初唐四杰："王勃高华，杨炯雄厚，照邻清藻，宾王坦易，子安其最杰乎？调入初唐，时带六朝锦色。"

初唐四杰是初唐文坛上新旧过渡的著名人物，为唐后来诗歌的发展作出了积极贡献。

◎明唐寅《落霞孤鹜图》。取王勃《滕王阁序》诗意。

大曲形成流行

大曲是中国古代大型音乐舞套曲。汉魏已有相和大曲与清商大曲，直至隋唐，经过历代的继承与发展，大曲已达到成熟阶段。

唐代的歌舞大曲是当时最为重要、最具代表性的音乐形式。它通常分散序、中序和破三部分。散序节奏自由，为器乐部分；中序也称"歌头"，较慢，以歌唱为主，器乐伴奏；破亦称"舞遍"，节奏渐快，以舞为主，器乐伴奏。

唐代的歌舞大曲种类之繁，数量之多，堪称一绝。无论雅乐还是燕乐，无论燕乐中的清乐还是胡乐，又无论是坐伎部还是立伎部，都包含大

◎唐代伎乐舞俑。唐代舞乐发展，最具代表性的音乐表现形式是歌舞大曲。

曲。唐代的大曲、法曲影响极广，上至皇宫，下至民间，远及边陲，都时有演奏。开元年间，玄宗为演奏法曲，于教坊处专设梨园，选坐部伎子弟300人亲自指导，号“皇帝梨园弟子”。

大曲的盛行与唐代诗歌的盛行密切相关，大曲的歌词往往截取诗歌的片段，如《伊州》词取自王维的《渭城曲》。诗作中描写大曲的也颇多。如白居易《乐世》描写《录要》，张祜《观杨瑗<柘枝>》描写《柘枝》，白居易《霓裳羽衣曲》、王建《霓裳辞》也都是描写大曲《霓裳》，等等。

民间手工作坊兴盛

唐代，民间手工业与官府手工业并驾齐驱，占有重要的地位。从性质和规模来看，民间手工业可分为家庭手工业和手工作坊两类。

家庭手工业是人类社会最古老的一种手工业组织形式，也是最基本的手工业生产方式，在“男耕女织”的自然经济支配下，更是农民经济的重要支柱，它几乎与古代中国社会存在相始终，唐代也不例外，但唐代家庭手工业有自身的特点。

在唐代民间手工业中更值得注意的是民间作坊，它与家庭手工业的区别主要是生产目的不同，作坊完全是为了他给而不是自给，从规模上看，民间作坊一般都雇佣了家庭成员以外的人作帮工。民间作坊在唐代商品经济结构中占主导地位。

唐朝作为中国封建社会的鼎盛时

◎唐黄釉牵马俑

期，在手工业各个领域都取得了卓越的成就，最为人称道、后世受益最深的是雕版印刷术的出现，它对文化的推广和传播起到了重要的作用，和造纸术、火药、指南针一起被称为中国古代四大发明。

中国国家宗教成熟

唐代修订了全国统一的宗教祭祀典制，以天神崇拜和祖先崇拜为核心的宗法性宗教具有了国家宗教的性质，并逐级延伸到民间，君权与族权借助神权相结合，中国国家宗教在这一时期发展成熟。

隋朝已经开始了国家宗教祭祀规范化的努力。隋建国后着手制定国家礼乐典制，修成五礼而颁之天下，祭祀也分为大、中、小三等，层次分明，同时确定每岁常祀之制，对祭祀的仪式也作了具体规定。唐初沿用隋

◎唐《四观音文殊普贤图》。该图绢本设色。

代旧制进行祭祀，并在隋制的基础上对祭天、祭祖以及其他宗教祭祀仪制作了修定，后世大体沿用唐制，稍有损益。

唐初采用隋代旧仪祭天，唐太宗时制定贞观新礼，只祭天宗，确定了唐代的祭天仪制，封禅之礼的典制仪节也在唐代完备。

唐代成熟而完备的国家宗教，对社会文化生活产生了巨大影响，它加强了大唐帝国的统一和稳定。唐代儒、释、道三教鼎立，儒学相对衰微，在这种情况下，发展宗法性传统宗教可以保持中国人的传统信仰，使传统的社会精神支柱不致倾倒，也促

进了民族主体文化的发展。

此外，宗法性宗教祭祀的典制与活动，对唐代礼乐文化的发达起到了极大的推进作用。

四大名山佛寺兴盛

佛教有四大名山，系指山西五台山、四川峨眉山、浙江普陀山和安徽九华山。依佛教说法，这四山分别是文殊、普贤、观世音和地藏菩萨的道场，因此，此四大名山佛寺极为兴盛。

五台山在山西省境内，古称“清凉山”。方圆500里，由五座山峰环抱而成，五峰高耸，峰顶平坦宽广，为垒土之台，故称“五台山”。五台山以佛教寺院众多著称。史载，北魏时在五台山建有大孚寺、清凉寺和佛光寺。

峨眉山位于四川省中部，包括大峨山、二峨山、三峨山和四峨山，大峨山最高，通常所说峨眉山即大峨山。峨眉山作为佛教圣地有悠久的历史。相传东汉时即建有佛寺。唐宋之际，道教衰落，峨眉山成了普贤菩萨的道场。

普陀山位于浙江省境内，西汉时称“梅岭”，到明代始称普陀山，它是浙江省舟山群岛一个小岛。自北

◎五台山菩萨顶。建有寺庙百余处，以佛教圣地而享誉中外。

◎峨眉山金顶。峨眉山是佛教四大名山之一，传说是普贤菩萨的道场。

◎普陀山。浙江普陀山是佛教圣地之一，古刹琳宫，比比皆是，有“海天佛国”之称。

◎九华山。位于安徽省，素有“东南第一山”的美称。

宋以来，该山观音信仰盛行，寺院渐增，僧众云集。

九华山位于安徽省境内，隋唐史称“九子山”。唐永徽四年（653年），新罗王族金乔觉渡海入唐，在九华山苦行75年，人称“金地藏”。从此，九华山成了佛教圣地中的地藏道场。九华山的寺庵布局灵活多变，与山势结合巧妙，以佛教殿堂和皖南民居相结合的形式独具风格。

◎唐《菩萨像》。两幅菩萨立像，为对称之幡画。

小文化辞典

太清宫

太清宫为道教宫观。“太清”相传为神仙居处，故道教宫观常以此名冠之。

唐代因李唐皇室与道教始祖老子同姓，故大力提倡道教，宫观祠庙遍及全国，河南、崂山和沈阳均有太清宫。其中河南太清宫位于河南鹿邑县城东，古地名为苦县厉乡曲仁里，相传老子诞生于此地。东汉延熹八年（165年）在这里建起老子庙。

唐乾封元年（666年），老子被封为太上玄元皇帝，创建祠庙紫极宫，天宝二年（743年）改称太清宫。

武周年间，老子母被尊为先天太后，建洞霄宫于太清宫北。两宫相距半里，隔河相望，中有会仙桥相连。共占地8772 亩，宏伟壮观，盛极一时。

唐宋间太清宫累遭兵火；金、元、清各代虽曾重建、续修，但规模已大不如前；元以后为全真道著名宫观之一。

◎唐天尊坐像。为道教鼎盛时期雕造。

逸闻趣事

太平公主出嫁

太平公主（？～713年）是高宗和武则天的女儿，很受恩宠。仪凤年间（676～679年），吐蕃向唐请求和亲，要娶太平公主，但武则天非常疼爱太平公主，不愿让她远嫁吐蕃，于是建太平观，让太平公主去当观主，仿照方士薰戒，作为拒绝和亲的理由。

永隆二年（681年）七月，太平公主嫁给光禄卿薛曜之子薛绍。薛绍的母亲是太宗的女儿城阳公主。婚礼以万年县为婚馆，因其门狭窄，容纳不下翟车，竟然拆毁其墙垣而让翟车进入。婚礼盛况空前，燎炬相连，夹路槐树大多死掉。

因薛绍的兄嫂肖氏、成氏不是贵族，为显示太平公主的尊贵，武则天想废除肖氏、成氏二人，但有人提出肖氏是国家旧婚姻，武则天才作罢。

◎唐六屏风花鸟（部分）。以红色边框线相隔，并列六幅。有百合、兰花、鸳鸯、野鸡、野鸭等。

变文演唱成熟

唐代，在歌唱艺术蓬勃发展，散韵相间的文学体裁相沿已久的条件下，有说有唱的说唱艺术逐步成熟，这是中华音乐文明历史中甚为独特的一个品种。

从文献记载看，最早显示说唱艺术业已成熟的，是敦煌卷子中的唐代变文。所谓变文，大约产生于初唐，“变”字的意思是佛经故事的变化。僧人以通俗方式向听众讲解佛教经义，称为“俗讲”。俗讲僧有时用绘画和说唱为手段来表现佛经故事，这种图画就称为“变相”，说唱的底本

◎敦煌唐代壁画。图为《七佛药师变·舞乐》。

就称为“变文”。变相和变文有时也简称“变”。

变文大多是散文、韵文相间，散文部分用来讲说，韵文部分用来歌唱。变文的内容题材除来自佛经以外，也有一部分是历史传说和民间故事。宗教内容的变文如《维摩诘经变文》、《降魔变文》等，历史传说内容的变文如《伍子胥变文》、《张义潮变文》，民间故事内容的变文如《孟姜女变文》、《董永变文》等。

变文说唱的发展情况在唐代诗文中有所记述。赵璘在《因话录》卷四《角部》里记载这样一件事：“有文溆僧者，公为聚众谈说，假托经喻，所言无非淫秽鄙亵之事。不逞之徒，转相鼓扇扶树；愚夫冶妇，乐闻其说，听者填咽寺舍，瞻礼崇奉，呼为和尚。教坊效其声调，以为歌曲。”文溆，或记为文叙、文淑，是个有名的俗讲僧，他所演唱的具体内容我们已无从得知。至于赵璘所记“教坊效其声调”，则确有旁证。据《乐府杂录》记载：“长庆中，俗讲僧文叙善吟经，其声宛畅，感动里人。”乐工黄米饭曾采其声调，编成歌曲，名《文叙子》。

变文演唱可能会受到一些外来影响，但是由于要争取让广大听众乐于接受，自然要借助于民间曲调。这从《宋高僧传》卷二十五对唐代僧人少康的记述可以得到证实：“康所述偈赞，皆附会郑卫之声，变体而作。非哀非乐，不怨不怒，得处中曲韵。譬犹善医，以饧蜜涂逆口之药，诱婴儿入口耳。”《宋高僧传》的作者赞宁是五代到北宋初年的人，其所述很可能已是唐代相当普遍的做法。

变文在唐五代后长盛不衰，宋时说唱音乐在市民音乐中占重要地位，延至明清，内容仍有宗教和世俗两部分。

马球运动兴盛

马球是唐代开始流行的一种体育活动，亦称“击鞠”。其名和汉代的蹴鞠有关，但蹴鞠是步行踢球，击鞠则为纵马击球，和后代的马球有共同之处。此技源于波斯，唐初传入中国。唐代诸帝自太宗始多擅马球，玄宗、宣宗、僖宗尤精此道。上行下效，长安城中达官显贵、世家子弟乃至宫中仕女均擅马球，遂马球成风。

唐中宗时，“上好击球，由是风俗相尚”。此后王公大臣打球之事屡见不鲜。唐玄宗李隆基爱好走马打球，因皇宫的马房里所饲养的马还不大合意，故寻“通于马经者”，以求良马。唐穆宗因击鞠暴得疾，不见群臣三日。当时宫中专门从事打马球的人员，除“打球供奉”外，还有“球工”，这些人多选自神策军或里闾恶少年，是专陪皇帝打球的。

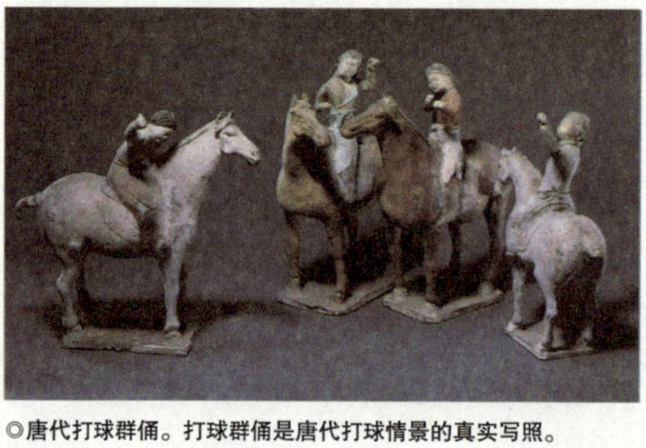
◎唐代打球群俑。打球群俑是唐代打球情景的真实写照。

唐代马球活动在统治阶级的倡导下，得到了大力发展，尤其在场地设施的建设、竞赛交流、军队中的开展以及高超的技术水平等方面都是很有成就的。

手工制糖业兴起

中国真正的作坊方式——制糖业——出现于唐代。647年，唐太宗派人去印度学习熬糖法。从唐宋开始形成手工业制糖以来，制糖技术逐步得到发展，一些新的技术、新的工艺相继出现，土法制取的白糖、冰糖等新品种也相继出现，同时也产生了一些制糖的理论著作。

674年，中国发明用滴漏法制取土白糖。白糖出现后在中国沿用了千余年。

唐大历年间，四川遂宁一带出现用甘蔗制取冰糖法。

唐宋制糖手工业昌盛，所产之糖品种和质量都达到相当高的水平。

◎唐三彩西瓜。出土于西安。

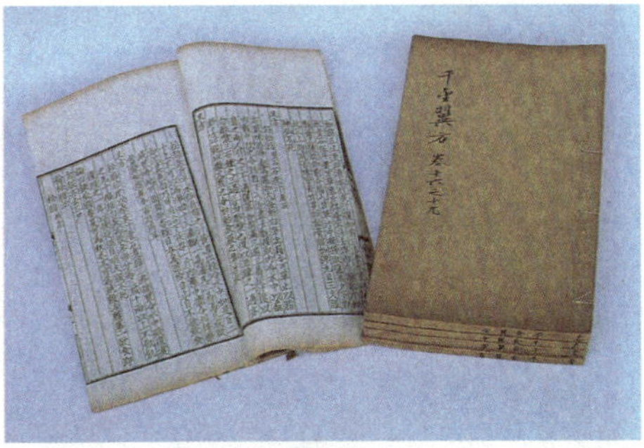

◎《千金翼方》书影。药王孙思邈两本《千金方》中的一本。

糖产品不仅销售国内各地，还远销波斯、罗马等地。

宋、元期间，大量的闽、粤移民至台湾，同时也带去了种蔗制糖技术。由于台湾气候适宜种植甘蔗，制糖业很快得到发展，并成为中国主要制糖基地之一。

8世纪中叶，中国制糖技术传到日本。

13世纪左右，传入爪哇，成为该岛糖业的起源。

15～16世纪，中国的侨民也在菲律宾、夏威夷等地传播制糖法。

孙思邈总结传统医学成就

孙思邈，唐代医学家、道士，世称孙真人。他自幼体弱多病，于是立志学医，刻苦钻研古典医著，虚心向人请教。20岁时他的医术已相当高明，给人治病效果良好，之后终身以医为业，名扬天下，被称为“药王”。

孙思邈于652年撰成医书《急备千金要方》，总结了唐代以前的医学成就。30年后，他又在总结半生医学经验的基础上，集成《千金翼方》。两本《千金方》如“羽翼高飞”，相辅相成，是孙思邈对传统医学成就进行的一次全面系统的总结。

孙思邈的重要学术思想之一是重视妇科、儿科的疾病。此外，他对医学的贡献还在于他提出了针灸与药物并用的综合治疗原则。他发明了著名的“阿是穴”，开了彩色针灸绘图之先河。他所记载的400多条针灸处方，具有很高的科学价值。

孙思邈是唐代极有影响的医学家，也是中国医学史上最伟大的医学家之一。他所总结的传统医学成就为后世留下了宝贵的医学财富。《千金要方》和《千金翼方》还流传到国外，为日本、朝鲜的多种医学著作所引用，在医学界产生了深广的影响。

逸闻趣事

请君入瓮

唐代酷吏周兴（？～691年），雍州长安（陕西西安）人，少习法律，为尚书省都事，累迁司刑少卿、秋官侍郎、尚书左丞。自从垂拱元年（685年）武则天重用告密者及酷吏以来，周兴屡屡滥杀无辜，竟达数千人，创造多种刑法，用刑残酷。

天授二年（691年），有人告周兴与左金吾大将军丘神勣、来子珣谋反，武则天令另一酷吏来俊臣审问周兴。

来俊臣问周兴："囚多不服罪，奈何？"周兴当时不知自己已成被告，顺口说道："装囚入大瓮，四周烧炭炙之，必服。"

于是，来俊臣命人取来大瓮，在四周用炭烧，对周兴说："请君入瓮。"

周兴只好叩头服罪。

武则天因周兴曾在帮助自己铲除唐宗室、大臣等政敌中对自己很忠心、卖力，于是从轻发落，流配岭南。周兴在赴岭南的道上为仇家所杀。

◎安金藏画像。安金藏是太常工人，酷吏来俊臣审讯皇嗣李旦的随从，随从均不堪酷刑，想自诬造反，安金藏执刀剖腹表明李旦无反意。

唐七军阵法创新

唐代军阵一般由七军组成，包括中军一军，左右虞侯各一军，左右厢各二军。因此，唐军战斗队形编成及变化的规则和方法称为七军阵法。

首先是兵力兵器编组配置，比较适合发挥各种兵种或兵器的长处与优势。一般各军内奇兵与正兵比例为3∶7。正、奇兵编组位置如下：弩手居前，其次为弓手，再次为战锋队步兵，后为马军、跳荡、奇兵，再后为驻队。开战时，弩手在距敌150步时发箭；弓手在离敌60步时发箭；离敌20步时，弓弩手扔掉弓弩，捧刀棒与战锋队步兵一齐杀入敌阵。马军、跳荡、奇兵通常不动。如步兵受挫，跳荡、奇兵、马军即上前击敌，退回的步兵休整后继续出战。如敌败退，奇兵与马军追击溃敌，驻队不动。如营垒不牢，则从各军抽调兵力充实驻队，坚守营垒。如营垒坚固，辎重无虞，驻队也可出战迎敌。

战阵内由主将通过旗帜、鼓、角等工具进行指挥。

唐时七军阵形有所创新，出现了六花阵、横阵、竖阵、行引方阵、撤退阵法等不同的阵形变化。

◎唐《牧马图》。以牧马为题材的绘画于盛唐时期甚为流行，但遗留不多，牧马屏风乃稀世珍品。

汉风艺术集中于库木吐喇石窟

中国新疆地区的佛教石窟由于历史的、地域的和民族的原因，相互之间具有较大的差别。这些石窟大体上分为3种风格：龟兹风、西域汉风和高昌回鹘风。

公元7～8世纪是中国唐朝政府对西域实施有效控制的时期，因此汉风洞窟在这一时期的出现与唐朝在龟兹设安西都护府、大量汉族士兵屯于此等历史背景有着密切关系。

汉风艺术比较集中的库木吐喇石窟在今新疆库车县境内。石窟分南北两群，北部洞窟集中，称窟群区，编号的洞窟有80个；南部洞窟稀少，称

◎库木吐喇第45窟乐舞特写

◎库木吐喇第45窟散花飞天

谷口区，编号的洞窟有32个，分布也比较分散。汉风洞窟全部集中在窟群区，有30多个。

汉风洞窟的壁画题材多以表现大乘佛教经典为主要内容，内容又以场面宏伟的大型经变画为主，包括乐师变、未生怨、十六观以及涅槃图等内容。人物造型生动传神，色彩璀璨富丽，画面气势雄伟壮观，具有典型的汉族绘画风格，其水平足可和同时代的中原壁画相媲美。

汉风洞窟壁画中有较多的汉式装饰纹样也是一大特点。汉风洞窟中的装饰纹样以团花图案、卷草边饰、茶花边饰等植物纹样为主。团花图案主要用在中心柱窟或方形窟的券顶中脊部位。卷草和茶花边饰多用于窟顶与侧壁衔接处或经变画的边栏上。这一点，也是在中原地区较早流行的典型汉族画法。

印染技术迅速发展

随着纺织技术的迅速提高，纺织品印染工艺很快发展起来。

唐代官府织染署下设6个练染作，分别名为青、绛、黄、白、皂、紫。

唐代普遍使用植物性染料，其色谱已较齐全。如红色染料主要是红花、苏木、茜草，不同色阶有银红、水红、猩红、绛红、绛紫五色，黄有鹅黄、菊黄、杏黄、金黄、土黄、茶褐六色，青、绿也各有五六色之多，连同黑、白在内，计有24色之多。

唐代印染技术主要有颜料印花、防染印花、碱剂印花几种。颜料印花是用凸花型版或镂空型版将颜料印浆

◎唐狩猎纹夹缬绢。夹缬即夹染，盛唐夹缬盛行，日本正仓院现今还保留着唐代夹缬屏风。

直接印在织物上，以显示花纹。防染印花有夹缬、腊缬和纹缬三种。碱剂印花是利用碱作拔染剂，在生丝罗上印花，着碱处溶去丝胶，形成白色纹样。

唐代印染技术非常发达，运用了色谱齐全的植物性染料和多种印染工艺，在中国印染史上占有重要地位。

歌舞戏流行于教坊

歌舞戏，出于散乐。唐代《教坊记》、《乐府杂录》、《通典》、《刘宾客嘉话录》均有记载。《旧唐书·音乐志》所记与《通典》文字相近，称歌舞戏，有“大面”、“拨头”、“踏摇娘”等戏。大面，或称代面，属北齐时创作的歌舞戏，在魏晋南北朝卷中已记述。又谓《兰陵王入阵曲》，唐代宫廷演出中将其改编为“软舞”。

拨头，或称钵头。它实际上属于歌舞表演与角抵表演相结合的一种新发展。至于“拨头”究竟是否如王国维所说，“拨头”与“拨豆”为同音异译，证明此戏出自西域拨豆国，则尚有不同见解。唐时西域仍为经济、文化交流的重要通道，歌舞、角抵、杂技、幻术已早有交流，艺术上的相互影响也是正常的现象。此戏传来，用地名命戏名，也是合乎当时情理的。作为有人物、有冲突、有情节、有固定结局的戏剧表演，“拨头”无疑具备了以歌舞表演故事的特征了。

踏摇娘，或称踏谣娘。各种记载中的产生时间不一致，有北齐和后周之说，又有隋末之说。三种说法，相隔也不算太久，可以理解为产生于北齐至隋末这段时期。

歌舞戏，有人物、有冲突、有情节、有结局，是一个比较简单的完整的故事。其表现手段，有唱、有和、有做、有打、有念白、有伴奏、有服饰打扮，已经存在角色行当的雏形了，另外又以歌舞演故事。因此可以说，唐代已经产生了民间小戏艺术。

◎唐侍从乐人

小人物辞典

陈子昂

陈子昂（661~702年），字伯玉，梓州射洪（今属四川）人。他出身富有，好施任侠，为人豪爽。18 岁闭门读书，24 岁中进士，曾得武则天赏识，他多次上书改良政治，但一生仕途不畅，屡遭降职处分，42 岁时被诬陷入狱，死于狱中。

与他敢于针砭时弊的政治态度相适应，陈子昂对当时文坛上风骨不振、兴寄都绝的宫廷诗风也深为不满。他明确提出了自己的诗歌革新主张：“不图正始之音，复睹于兹，可使建安作者，相视而笑。”要求诗歌继承《诗经》“风、雅”优良传统，寄寓政治社会内容，恢复建安、黄初时期的风骨，明确表达思想感情，形成爽朗刚健的风格，扫除六朝绮靡诗风。

陈子昂在他的诗歌创作中具体实践了他的文学主张，他有意摒弃华丽辞藻和对偶形式，运用朴质无华的古诗体，托物寄兴，表达自己的理想抱负和失意情怀，反映政治生活的弊端和人民的苦难。他的代表作是《感遇诗》38 首、《蓟丘览古》7 首和《登幽州台歌》。

《感遇诗》并非一时一地之作，而是在长期的生活经历中写下自己的种种感受和体会，风格类似阮籍的《咏怀》。他在诗中或抒发理想，或讽刺时政，或哀叹民生艰难，或寄寓哲理。如第二首：“兰若生春夏，芊蔚何青青。幽独空林色，朱蕤冒紫茎。迟迟白日晚，袅袅秋风生。岁华尽摇落，芳意竟何成！”喟叹自己虽怀美质，才华横溢，而骨鲠道穷，不得已中道隐退。

《登幽州台歌》是陈子昂跟随武攸宜东征契丹时作，诗歌怀古伤今，抒发了怀才不遇的强烈感慨，“前不见古人，后不见来者，念天地之悠悠，独怆然而涕下”。这种俯仰一世的孤高抱负和沉郁压抑的失意感不仅是个人受到不公正待遇的牢骚，而且代表了初、盛唐一代有远大理想的知识分子渴望为时代作出贡献的心声，代表了一种积极进取、放眼宇宙的崇高孤独感。

陈子昂上承建安，下启盛唐，对转变唐代诗风、引导唐诗走上健康向上的发展方向作出了巨大贡献。以后的一些优秀诗人多受其影响，对他推崇备至。杜甫盛赞他“公生扬马后，名与日月悬”，韩愈肯定他“国朝盛文章，子昂始高蹈”。

◎绢画《双童图》

武则天称帝·改革政治

天授元年（690年）九月，武则天登基称帝，改唐为周。

武则天是中国历史上唯一的女皇帝。在她统治期间，社会经济仍能不断进步发展，这和她对政治的改革有很大的关系。武则天初为太宗才人，后为高宗皇后并处理国家大事直至最后自立为帝，当政40年之久，长期的宫廷生涯培养了她杰出的政治才干。

她称帝后，马上抑士族，举庶族。为了打击唐氏宗亲，换取庶族支持，武则天重修太宗所订《氏族志》并更名《姓氏录》，庶族地主及有功军卒均被列入。这就打破了士族与庶族之界限，提高了出身低微的官员的地位，获得了广泛支持。

科举制在武则天当政时得到了进一步巩固。唐太宗曾对科举制评价说："天下之士，尽入吾彀矣！"但太宗时的国家大事主要由士族处理，而武则天则使庶族地主在军机要事上也有发言权，这从形式到实际都进一步提高了庶族地主的政治地位。

◎武后行从图（局部）。相传此画为唐代张萱所绘。武则天戴宝珠凤冠，气度威严。女官们着男装，簇拥在她周围。

武则天还广开才路，不拘一格提拔人才，借以扩大政治基础，巩固武周政治。她提倡自下往上荐举人才，并亲自接见所举之人。武则天有敏锐的政治眼光，提拔了不少有才之士，如狄仁杰、张柬之、姚崇、宋璟等，这些名臣在玄宗时都得到重用，甚至几十年后的唐朝统治者对她的此举也赞叹不已。武则天的提拔人才措施是符合新兴的庶族地主的要求的。

武周政治的一大特色就是严厉镇压反对派。武则天重用酷吏，对反对者严刑重法，奖励告密。她诛杀的范围相当宽，酷吏如来俊臣，竟用烧红的瓮对犯人逼供，手段之残忍世所罕见。

武周时期，唐宗室贵戚不论官职大小，不论行政人员还是军事贵族，都遭到沉重打击。

这些举措确实打击过宽，但客观上它极大地巩固了武则天的统治，加强了她对中央政权的控制。

武则天加强中央集权的举措保证了唐王朝的稳定和繁荣，她统治时期介于"贞观之治"和"开元盛世"之间，起到了承上启下的作用，尤其为

"开元盛世"作了进一步的准备。

武则天改唐为周长达15年，后于神龙元年（705年）逊位于庐陵王李显，再次复唐。

狄仁杰拜相

天授二年（691年）九月，狄仁杰拜相。

狄仁杰（630～700年），字怀英，太原人，唐代名臣。年少时就胸怀大志，勤奋好学，后以明经入仕，历任大理寺丞、侍御史、刺史、宰相等职。狄仁杰一生断案无数，无一不审核周详，秉公处理。武则天平定越王贞（豫州刺史）反叛后，狄仁杰任豫州刺史，当时治越王贞党羽，株连六七百家5000余口，大理寺催促他行刑，而仁杰密奏这些多是无辜而受连累的人，武后听从他的建议，改为流放丰州（今内蒙五原西南）。

◎狄仁杰像。狄仁杰乃唐代名臣，很受武则天器重。

仁杰重民生业，力革弊政。在任宁州刺史时，调和戎夏关系，颇受尊敬；在任江南巡抚使时，奏毁湟祠1700余所。武则天想建造大像，费功数百万，狄仁杰痛斥弊端，武则天认为他是正确的，才罢免了简役。

天授二年（691年）九月，狄仁杰拜相，武后问仁杰："卿在汝南（豫州），甚有善政，卿欲知谮卿者名乎？"仁杰答道："陛下以臣为过，臣请改之；知臣无过，臣之幸也，不愿知谮者名。"武则天深叹他的宽宏大量，更加重用狄仁杰。

武则天始设武举

为了进一步加强国力、军力，巩固边防，抵御日盛的外侮，武则天于长安二年（702年）正月首创武学考试制度。

武学系文、武两种科举制度之一。但是由于朝野向来重文轻武，所以武学不为朝廷所重视，况且朝廷本来就是被文人书生出身的大臣们所把持着，靠武学入仕为官一般都前途渺茫。也因此国民均提倡习文而不尚武，人民身体非常羸弱，军士与剽悍的外族军队交战时常吃败仗。武则天有感于此，决定创立武举，以扭转这一不利局面。武举考试通常规定有射箭、马枪、负重、角力等各项，还要检查身材、言语等，以综合考察应试者的力量、武艺、言辞等多方面的

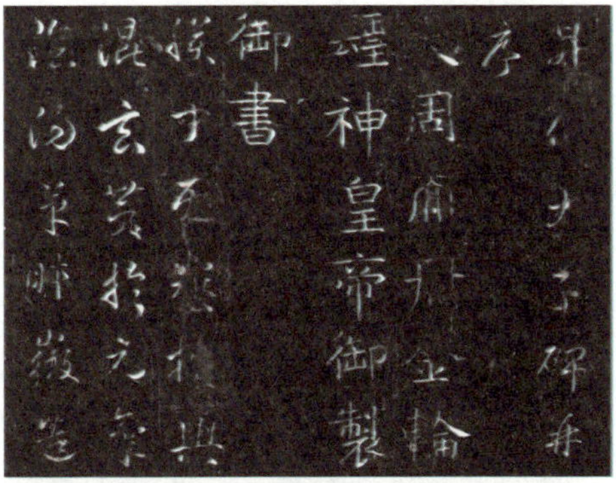

◎武则天《升仙太子碑》。此为武则天撰并写。用笔刚柔相济，纵收得体；章法疏淡，悠远旷达，"丈夫"亦未必有此气。

素质。考试成绩各分为"上"、"次上"和"次"三等。经过一系列较为严格的考试，获得好成绩的举子才能被朝廷委任相应的官职。

玄宗开元年间的12年制举"将帅科"、15年制举"武足安边科"，都是武则天武举制度的进一步发展，为唐代开元盛世国力的日益强大及国民经济的发展起到了较大的促进作用。

金城公主和蕃

神龙三年（707年）三月，吐蕃皇太后因当时北方突厥为患，为避免腹背受敌，派大臣进献方物，为她的孙子求婚。中宗被迫许婚，将所养雍王守礼（章怀太子之子，中宗嫡侄）之女金城公主嫁给赞普。

景龙三年（709年）十一月，吐蕃赞普派遣大臣尚赞吐等1000多人前来迎娶公主。第二年（710年）正月，公主入蕃。中宗渡过渭河到始平县亲自送别公主，在百顷泊设帐殿，款待王公宰相和吐蕃使者。席间，中宗谈及公主尚年幼即要远嫁时（当时赞普也仅14岁），不禁唏嘘悲泣，于是命众臣赋诗为公主饯行，场面凄凉。后来，中宗将始平县改名为金城县，将百顷泊改名为凤池乡怆别里。

◎唐骑马女俑

公主到了吐蕃以后，赞普为她另筑一城居住。金城公主爱好文艺，带去几万匹锦缯，还有许多工艺书籍、乐工杂伎。吐蕃赞普在给唐皇帝的信中说："外甥本是先皇帝的舅宿亲戚，又承蒙皇恩赐予金城公主为妻，汉藏就如同一家，天下百姓也全都安享太平。"

始置节度使

景云元年（710年）十月二十日，幽州镇守经略节度大使薛讷（薛仁贵之子）被任命为左武卫大将军兼幽州都督。唐自此开始设置节度使。

有的史家认为，设置河西三使或贺拔延嗣充任河西节度，是唐代节度使得名的开始。但前者是景云元年（710年）十二月，后者更是到了景云二年（711年）四月，远在薛讷之后，所以唐代节度使这一名称实际应始于薛讷。

按照唐朝的规定，只要是任命亲王为节度大使而亲王本人不在职位上处理日常事务，而是仍居京城为官的，都要在所镇守的地方另行设“副大使”一职。其他的节度使下面也可以设置节度副使，帮助节度使处理日常事务。

唐代设立节度使一职，对稳定边疆、加强边防起到了一定作用，但也为后来节度使拥兵自重、不受调管乃至起兵叛乱种下了祸根。

◎唐边域遗址

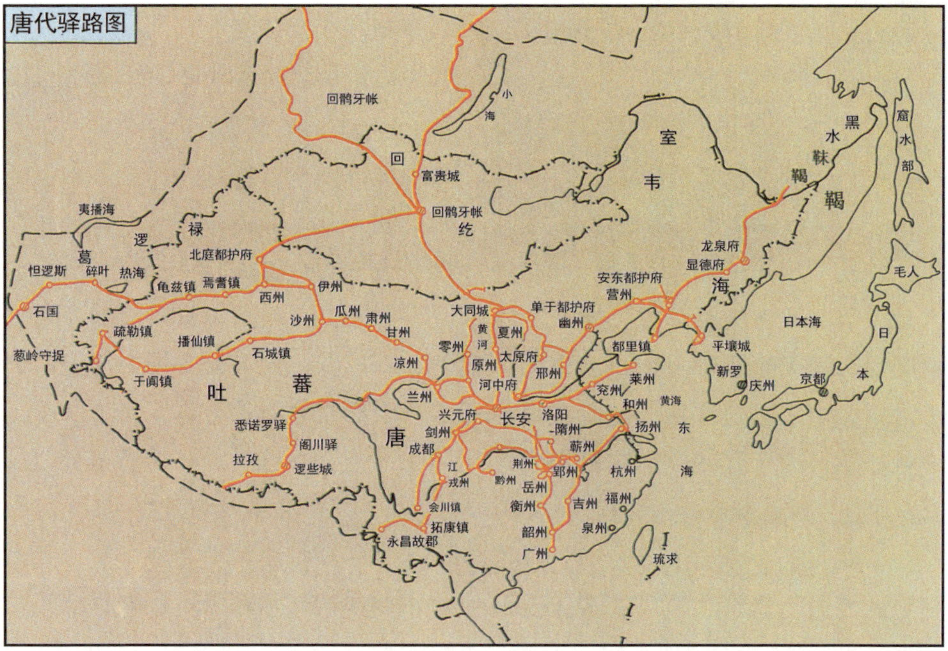

◎唐代驿路图

逸闻趣事

敦煌经卷藏占星图

隋唐时期，天文学十分发达。人们在提高天文历法水平的同时，也加强了对天文观测及星体描绘的工作。

唐代开元时人王希明作《步天歌》，继承了古代天体三垣和二十八宿的星图体系，加上他的实际观测，按三垣二十八宿重新规划了全天可见的星官，从而建立了中国古代流传最久的三垣二十八宿体系。

由于岁月久远，这些星图大多失传。近来人们在整理敦煌经卷的过程中，发现一幅古星图完好地保存在经卷中。

该星图大约绘制于唐中宗李显时期（705~710年），图上共有1350多颗星，分别用圆圈、黑点和圆圈涂黄三种方式画出。画图方法为：从十二月开始，根据每月太阳位置，沿黄道、赤道带分成12 段，紫微垣以南诸星用近似墨卡托圆筒投影的方法绘出，再在以北极为中心的圆形平面投影上绘出紫微垣。此图现为英国伦敦大不列颠博物馆收藏。

敦煌古星图是全世界现存古星图中星数较多而又较为古老的一幅。它反映了中国古代天文学方面的杰出成就，对研究中国古代天文学史具有重要的参考价值。

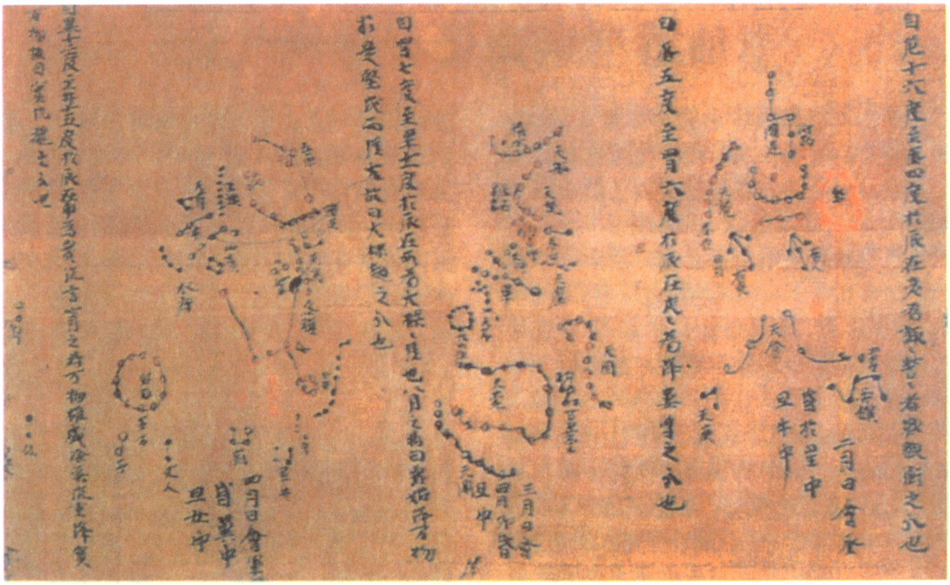

◎唐敦煌卷子星图。星图的画法是从十二月始，按照每月太阳所在的位置分12段，把赤道带附近的星利用圆筒投影的方法画出。恒星用黑点和圆圈涂黄色表示。

小辞典 文化

张若虚和《春江花月夜》

在初、盛唐诗风转换之际，曾出现过两位情况比较特殊的诗人，即刘希夷和张若虚，他们以创作少而水平高闻名于世，其中张若虚所作《春江花月夜》被誉为以孤篇压倒全唐的脍炙人口的传世佳作。

张若虚，生卒年不详，扬州（今江苏扬州）人，曾任兖州兵曹，与贺知章、贺朝、万齐融、邢巨、包融等以文词俊秀而驰名京都长安，是当时“吴中四士”之一。

《春江花月夜》是张若虚保存于《全唐诗》中两首诗里的一首，它沿用的是陈隋乐府旧题。这首诗以“春江花月夜”5个字为中心，从对春江上的花、月、夜的景物描写展开，又紧扣“月”字，将春江之上流动多姿的月色从不同侧面加以展现，突出了“江天一色无纤尘，皎皎空中孤月轮”的春江月色。随着流动的月光和江水，诗人一步步写到月下高楼和楼中之人，其游子思妇望月怀人之情，真挚悠永；融宇宙奥秘、人生哲理之探求于其间；蕴含着追求精神，格调不显低沉。全诗语言清新优美，以“月”为纽带，将情、景、理三者融合为水乳交融的幽美邈远意境；节奏自然平和、韵律婉转悠扬，富有音乐美。

◎唐仕女图

神秀开禅宗北派

禅宗相传于南北朝时期由自南天竺来华传法的禅僧菩提达摩所创，是在中国佛教史上影响最大、彻底中国化了的一个佛教流派，以禅定概括全部修习。禅宗传至五祖弘忍的弟子神秀和慧能时，对达摩禅法的理解发生了根本的分歧，神秀主张渐修，慧能提倡顿悟。禅宗由此分化为北、南两派。

神秀（约606～706年），俗姓李，汴州尉氏（今属河南）人。年轻时遍览经史，隋末出家，后于蕲州双峰山东山寺拜禅宗五祖弘忍为师，深受器重，为上座弟子、“教授师”。弘忍死后，神秀赴江陵当阳山玉泉寺

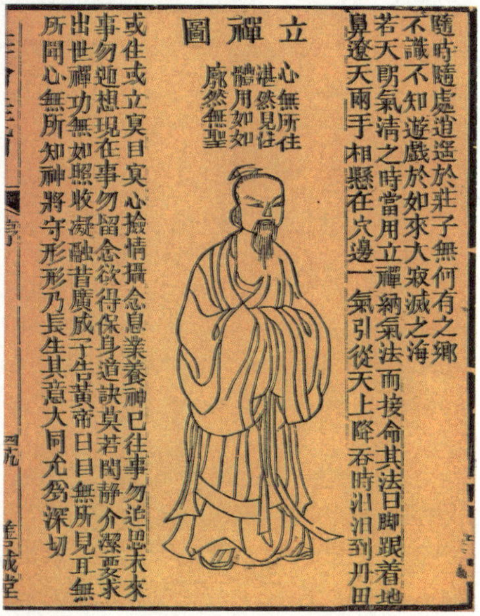

◎立禅图

传授禅法，开禅宗北派，声誉盛隆，四海僧俗慕名而至，并深得武则天及中宗敬重，死后被赐谥“大通禅师”。

禅宗北派继承了以心为宗的传统，认为“一切佛法，自心本有”，反对慧能南派“将心外求”的观点，主张“拂尘看净，方便通经”，即逐渐领会、逐渐贯通的“渐悟”方法，与慧能在南方创宗传布的“顿悟”流派相对立，时称“北秀南能”、“北渐南顿”。神秀所作《大乘五方便》（一作《北宗五方便门》）、《观心论》在门下流传，其弟子阐扬其宗风，曾盛极一时。

◎唐观音菩萨坐像。唐代石刻佛像兴盛，因受丰腴为美观念影响，佛像圆润丰满，宽装高髻。

唐代石刻佛像兴盛

唐代为中国封建社会发展的顶峰时期，经济空前繁荣，社会相对稳定，文化昌盛，中外交流十分频繁。在统治者的提倡和鼓励下，佛教又有了新的发展，教派众多，寺院林立。石刻佛像也因此而兴盛发达，取得了空前成就。

初唐石刻佛像具有体态轮廓多呈椭圆形、造型严整平实、头大身直的特点，面部多丰颊方颐，接近中国人的实际造型，衣褶线条随着身体曲线的起伏而延伸，显得舒展流畅，说明已十分注意人的自然形体。在雕刻技法上，既继承了前代用直刀平法表现细部纹饰的传统，又创新发展了向下凹入的圆刀法和中凹边高的技法，更富真实感。

武则天在位期间，大力提倡建寺造佛，石刻佛像精品多有出现。较著名的有山西博物馆所藏久视元年（700年）弥勒坐像、景龙年间（707～710年）大云寺涅槃变造像（此像高逾3米，正面及背面上部雕有涅槃、焚棺、树塔等多幅故事面）、西安宝庆寺长安三年（703年）和四年（704年）的高浮雕像、成都万佛寺的力士像和观音坐像等。

玄宗时期为石刻佛像创作的艺术顶峰，出现了有“塑圣”之称的杨惠之等一批大雕塑家。这一时期的造像以细腻真实为追求对象，有强烈的世俗意味。在技法上，圆刀刻划已炉火纯青，表现物件生动劲健，富于质感；而且将性格和形体动作巧妙地结合起来，使得刻像在造型和心理描写方面完美统一，意境高远，充分体现了盛唐气象。

慧能创立禅宗南派

禅宗是中国佛教史上影响最大的一个宗派，唐代慧能弘传见性成佛的法门，一改几百年来佛教念经、坐禅的修炼方法，使禅宗的思想和流派迅速遍及全国。慧能的宗教改革成为中国禅宗的真正开端，从此，禅宗作为一个彻底中国化的佛教教派，在中国社会广为流传。

南宗慧能（638～713年），亦名惠能，俗姓卢，范阳（今北京大兴）人。24岁时向佛，遂投五祖弘忍门下，弘忍死后，他开始出来公开弘法。先天二年（713年），慧能卒于新州国恩寺，其弟子迎慧能遗体于曹溪南华寺供奉至今。

慧能弘传直论本心、见性成佛的法门，主张性净自悟、顿悟成佛，不搞烦琐的宗教仪式，其教理比中国佛教其他宗派如天台、唯识、华严等都更简易明快。慧能讲经的内容由其弟子法海整理成《坛经》，这是中国僧人撰写的唯一一部可以称为“经”的著作。

自慧能起，禅宗大盛，成为中国佛教各宗派中流传时间最长的一宗，宋明理学及近代哲学都受到禅宗思想的影响。通观慧能的宗教改革，他使禅宗成为平民的宗教，在下层群众中广为流传，把佛教在中国推向鼎盛。

◎南华寺慧能肉身像。慧能的宗教改革成为中国禅宗的真正开端。

小文化辞典

五家七宗

713年，慧能去世，他所创禅宗迅速分化，形成了“五家七宗”等佛教流派。

所谓“五家”，乃是慧能门下两大弟子湖南南岳怀让和江西青原山行思两人在慧能身后继续宣扬禅宗，前者后来分化为沩仰和临济两家，后者分化出曹洞、云门和法眼三家，合称“五家”。宋代临济一系又分化出杨歧、黄龙两派。合称“五家七宗”。

佛教经慧能改革以后，与中国传统思维方式高度冥合，更易为中国士人所接受。这是佛教世俗化的开端，它极力缩小天国与现世之间的距离，宣扬“放下屠刀、立地成佛”，轻蔑传统的教规、教仪，直接导致了后世禅宗的“呵佛骂祖”，实际上是佛教走向解体的开端。各派虽都奉慧能《坛经》为基本教义，主旨大致相同，但却融入了自己时代的不同精神，包含了时代对宗教的某些影响，从而对禅宗的基本思想的表达方式各有不同，形成了不同的“门庭”和家门，因此，众门派林立。

◎坐禅图。坐禅是禅宗修禅的主要姿势。

唐玄宗即位

唐延和元年（712年）八月，李隆基即位，改元先天，是为唐玄宗。

李隆基（685～762年），唐睿宗李旦的第三个儿子，唐朝第七代皇帝。他性格果断，英武有才略，而且多才多艺，尤其擅长音律，最先被封为楚王，后改封为临淄王。景云二年（711年），李隆基因除韦后有功被立为太子。

延和元年（712年）七月，彗星出现于西方，经轩辕入太微至大角，太平公主于是遣方士进言李旦：“彗星是预示当除旧布新之星；彗星一出，帝座也随之变位，这显示太子应为天子了（意即太子将弑君篡位）。”李旦道：“传位于太子可以避灾，我已经下了决心了。”于是唐睿宗李旦于七月二十五日下诏正式传位于太子。

◎《明皇调马图》。明皇即唐玄宗李隆基，他在位期间社会经济持续发展，但安史之乱后，唐朝即由盛转衰。

八月三日，李隆基（玄宗）即位，尊睿宗李旦为太上皇帝。自此，上皇李旦自称为“朕”，命为“诰”，五月一日受一次朝于太极殿；李隆基则自称为“予”，命为“制”，每天受朝于武德殿。

太平公主劝李旦，虽然传位，但仍宜主大事，所以三品以上官员的任免及重大刑事案件仍由上皇裁决，其余政事则均由皇帝李隆基裁决。八月七日，唐玄宗李隆基改元为先天，大赦天下。

◎唐巾舞壁画。唐朝歌舞兴盛，唐玄宗尤好此道，大臣谏之不改。

唐设教坊职司歌舞百戏

开元二年（714年）正月，唐玄宗李隆基开设教坊，职司歌唱、舞蹈、百戏之教习，演出不再隶属太常。

唐高祖在位时，在禁宫中设置教坊，其所有官吏均属太常管辖，专门对雅乐以外的音乐、歌唱、舞蹈，百戏的教习、排练和演出等事务进行管理。唐玄宗李隆基于开元二年（714年）正月变更旧体制，设置左右教坊在宫内教授俗乐，同时任命右骁卫将军范及为教坊使，不再隶属太常。然后，又在皇宫内设置梨园，选了几百名乐工，令他们互相切磋乐艺，研习歌舞，称之为“皇帝梨园弟子”；另外还选伎女安置于宜春院，让她们习练歌舞以随时侍奉皇帝。

当时的礼部侍郎张廷畦、酸枣尉袁楚客等都向皇帝玄宗上奏，认为皇上正是年富力强的好时候，应当推崇对管理国家大计的研习，多多接近贤能之士，广开言路，提倡朴素的生活，千万不能沉迷于歌舞享乐、游玩狩猎之中。玄宗听了很不高兴，但转念一想，自己即位不久，朝纲未定，需要博得一个善纳明谏的好名声，便抚慰了张廷畦、袁楚客一番，说他们二人都是忠贤之士、国家栋梁等等，但对设教坊一事却含含糊糊，顾左右而言他，张、袁二人无奈，只能唯诺退下。

唐设市舶使管理外贸

唐代的商业经济非常繁荣，对外贸易也非常发达，陆上和海上两方面的贸易又十分频繁并日益正规化，政府还设置了专门的机构和官员对海上和陆上贸易进行有效的管理，促进了对外贸易的不断发展，对贸易的有效开展起到了很好的作用。

唐代与南海各个国家的海外贸易在唐朝的对外贸易中占据着举足轻重的地位。当时由海上来与唐开展贸易的有日本、新罗、印度、斯里兰卡、波斯、南海的各个岛国、大食（阿拉伯）等许多国家和地区，大食是其中最为重要的国家。这些国家的人都是航海到中国进行贸易的，海上贸易发展很快，已成为经常性的大宗贩运，贸易额很高。

同时，唐对陆上贸易也极为重视，对周边各少数民族的互市非常关注。通过互市，可以获取农业的主要耕田动力——耕牛。然而，除了经济因素之外，也有很重要的政治因素促使唐不断加强与西域各国之间的往来贸易。通过互市，可以得到内地非常需要的、重要的军用物资——马匹，这与国防有着非常直接的关系，马匹数量的多少反映着国防力量的强弱。唐政府曾专设“互市监”来管理互市贸易。

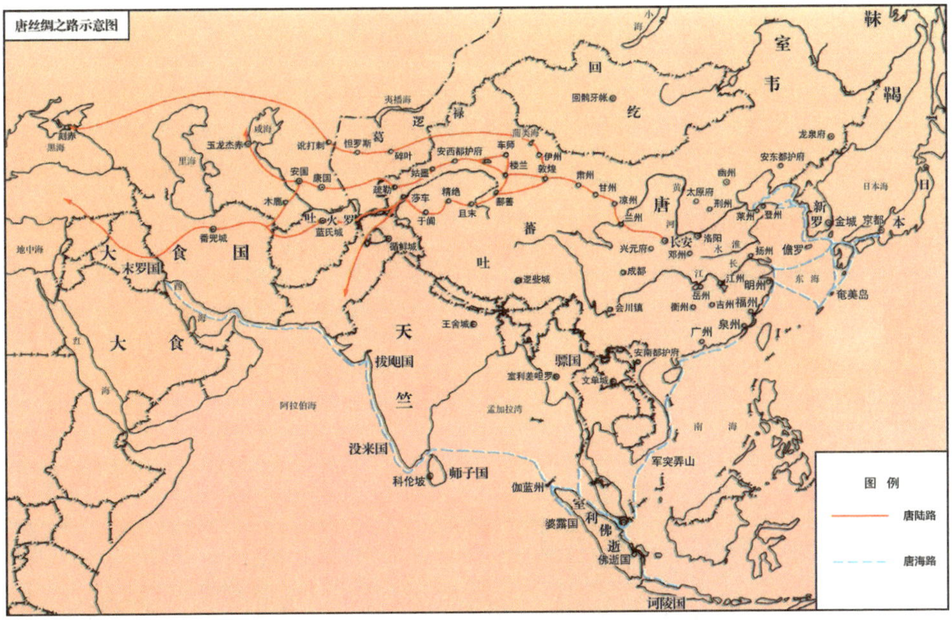

◎唐丝绸之路示意图。唐代商业繁荣，对外贸易发达，丝绸之路非常繁华兴旺。

开元盛世出现

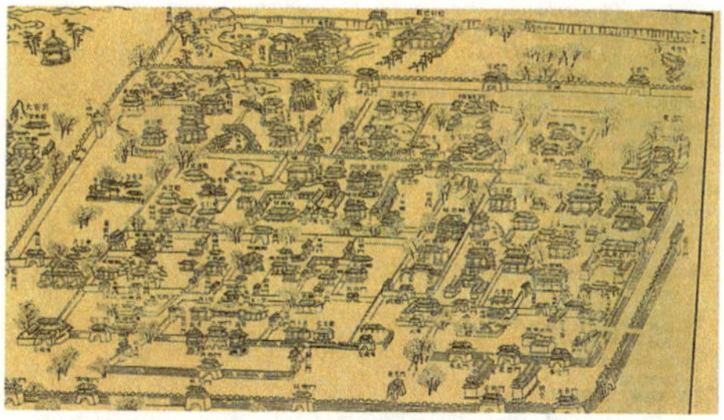

◎唐代皇城图。唐代长安城内宫殿群辉煌壮阔，市井整齐有序，长安成为著名大都市

开元（713～741年）是唐玄宗统治前期的年号，这个时期唐王朝国势强盛，封建社会在各方面都达到了前所未有的太平盛世状况，史称“开元盛世”。

玄宗效法唐太宗，注重用贤和纳谏，对于朝中名臣，玄宗区别对待。他先是重用能犯颜直谏又忠心为国的姚崇、宋璟、苏颋、张说等人为相，倾心从谏，继而还很重视地方官的选拔，曾亲自对新任职的县令进行考核。为了从根本上澄清吏治，玄宗制定了《开元格》、《开元新格》等，又派人编纂了系统完整的行政法典——《大唐六典》，这为惩治贪官、稳定社会秩序提供了强有力的法律保证。

在经济方面，为了增加财政收入，玄宗主要采取了四项措施。第一，打击豪门士族，争夺土地劳力。玄宗在政权稳固之后，采取检田括户等措施，收回大量私田，分给无地农民使用，既增加了国库收入，也缓和了社会矛盾。第二，改革食实封制度，以增加政府财政收入，减轻人民负担。第三，玄宗打击佛教势力，淘汰僧尼，沉重打击了佛教势力，扩大了中央政府的税源。第四，发展农业。玄宗采取与民生息的宽容政策，扩大耕地面积，大修农田水利，并且移民边疆，屯田生产，因而农业十分发达。

玄宗实行和解的民族政策，以改善民族关系，维护国家统一。开元年间和睦的民族关系对于社会稳定和经济发展起了很大的促进作用。由于唐玄宗采取了上述积极的政治经济措施，加上广大人民的辛勤劳动，唐王朝在各方面都达到了很高的水平，国力空前强盛。中国封建社会达到了全盛的阶段。

◎唐张萱《捣练图》宋摹本。此图分组描绘宫中妇女加工白练的过程，依次为捣练、织修与熨平。

唐大破吐蕃

开元以来，吐蕃自恃国力强盛，用敌国礼（地位相等国家之礼）致唐文书，而且措辞悖慢。

开元十四年（726年）冬，吐蕃大将悉诺逻自大斗谷进攻甘州，烧杀掳掠后退兵。河西节度使王君跟踪已疲惫不堪的吐蕃军，至青海西大破吐蕃后军，俘获其辎重羊马数以万计。这次战役的胜利使玄宗更加重视对吐蕃的战争。

727年九月，悉诺逻率军攻陷瓜州城以雪青海一败之耻，接着又进攻至门军和常乐县，但因唐有备而无功而返。十二月，玄宗诏令陇右道、河西道及关中、朔方兵马十几万互相支援，开始大规模对吐蕃的战争。

◎于阗国王供养人像。于阗是丝绸之路上历史悠久的古国。

728年，吐蕃进犯瓜州，被都督张守珪击退。河西、陇右两军合力在渴波谷大破吐蕃军，陇右军乘胜攻占了大莫门城，擒获大批敌兵。八月，河西军再破吐蕃军于祁连城下，吐蕃大将被俘，吐蕃军溃散，逃入祁连山，哭声震谷。

729年三月，瓜州都督张守珪和沙州都督贾师顺又在大同军地区大破吐蕃，同时，朔方军攻克吐蕃重镇石堡城，令吐蕃军无法前进，自此河、陇诸军得以游弋自如，拓地千余里。玄宗闻讯后龙颜大悦，将石堡城改名为“振武军”。唐各路大军通力合作，奋力征战，吐蕃一败再败，气焰顿消，而唐西部疆域不断向外延伸，朝野欢悦。

开元十八年（730年）五月，吐蕃派使者到唐大军中致书求和，未能如愿。同年九月，吐蕃接连失败，恳请与唐和亲，玄宗应允。吐蕃赞普大喜，派遣大臣入唐朝贡，并且表示“倘使复修旧好，死无所恨”。从此，吐蕃重新归附于唐。

逸闻趣事

百官春月旬休游宴

开元十八年（730年）二月，百姓乐业，边陲无事，百官公事趋于简单，空闲时间多，于是玄宗许文武百官逢春月旬休时，可以根据喜好自选游览胜地，自行宴乐。

旬休即旬假，是唐代百官上班的例假，每月有3天（一、十一、二十一日）。高宗永徽三年（652年）二月规定：“每至旬假，可不视事，以与百僚休沐。”但并未许可游宴，直到唐玄宗时方开此例。自730年起，每到春月十八日，从宰相到员外郎均可得到5000缗赏钱，用来开筵舞乐。玄宗有时也驾御花萼楼，邀请百官回朝廷一同宴饮，君臣同乐，尽欢才散。

允许百官春月旬休游宴，包括同年三月恢复京内职官的职田，都是开元盛世国泰民安的体现。

◎唐《游骑图》（局部）。此图反映了唐代仕宦人家的生活和风尚。

小文化辞典

唐三彩

唐代陶瓷艺术领域出现了一个崭新的品种——唐三彩。唐三彩是唐代烧制的一种低温铅釉陶器，有多种颜色，以黄、绿、白三色最常见，因此称为“唐三彩”。

陶瓷艺术中的唐三彩以其绚烂多彩的颜色、富丽堂皇的视觉效果充分体现了盛唐艺术的风格。低温彩陶器在我国最先是用来做死人陪葬的，唐代统治者生前极尽奢侈浮华之能事，死后也讲究厚葬，唐三彩正是为了适应这股潮流而产量激增。后来被运用到日常生活中，功能多样，造型丰富，成为反映唐代社会生活的百科全书。

唐三彩制品分为器皿和俑两大类。器皿主要用于生活用具，包括瓶、罐、钵、盘、碗、杯、砚、炉、枕等。俑主要用作装饰，有贵妇、侍俑、文官、武士、乐人等人物形象，也有马、骆驼、驴、牛、狮、虎、鸡、鸭、鸳鸯等飞禽走兽。

唐三彩的烧制始于初唐，盛唐时达到顶峰，安史之乱后，随着国力的衰退逐渐走向衰微。从出土情况来看，目前出土多集中于唐代两都西安和洛阳，扬州也有少量出土，但唐三彩窑址只有河南巩县窑一处。唐三彩对中国乃至东方的陶瓷发展影响很大，中国的辽三彩、宋三彩、明三彩、清三彩以及外国的波斯三彩、伊斯兰三彩、新罗三彩、奈良三彩等，都深受其风格影响。

◎唐三彩釉陶鞍马。唐代宫廷贵族热衷狩猎活动，帝后出巡、宫廷礼仪、军队远征都与马有关。

◎唐三彩釉陶骆驼载乐俑。唐三彩中最有吸引力的是马和骆驼。

◎唐三彩釉陶女坐俑

中印数学交流

早在公元1世纪时，中国和印度便在宗教、贸易、文化等方面有交流，在数学方面也相互影响，尤以隋唐时期最为突出。

唐开元六年（718年），印度天文学家瞿云悉达奉唐玄宗之命翻译印度历算名著《九执历》，对中国数学产生了很大的影响。《九执历》中的数码、圆弧度量和正弦表被中国数学吸收运用。而更为有价值的是，唐代天文学家一行绘出的正切表（从0度到80度，间隔为1度的正切值），明显是受《九执历》中正弦表的启发而发明的。

中国数学也对印度产生过多方面的重要影响。如英国科技史家李约瑟在《中国科学技术史》第三卷中曾列举了14个方面的证据，内容包括开方及解高次方程、比例算法、分数、正负数、弓形面积、盈不足术、不定分析等。在许多中国在前、印度在后的数学成果之间，存在着惊人的一致性，如线性方程组、比例、不定方程、等差及等比数列、几何等，这样的例子人们已经发现了数十个，《九章算术》中的数题就和其后印度许多数学家著作中的数题内容极为相似。

◎唐《弈棋仕女图》（局部）。绢本设色。此画人物“曲眉丰颊，肌胜于骨”，是唐代仕女画的代表作之一。

渤海吸收汉文化

713年，靺鞨人首领大祚荣归顺唐政府，接受唐册封，专称“渤海”。渤海的统治阶级十分重视汲取唐内地先进的文化，并且形成了自己的文化特色。

渤海王室尊孔崇儒，将儒家的政治思想作为经邦治国、立政施教的根本，渤海中央官府机构和官吏及士人的命名，都直接取自儒家经典。

渤海人十分重视教育事业，一方面积极选派学生到唐内地学习，学成归来后委以重任；另一方面在国内设文

◎唐代渤海侍卫与伎乐壁画。渤海全面接受了唐内地先进的文化，同时成为向日本传播的使者。

籍院收储图书，建胄子监就地培养统治人才。

汉字是渤海的通用文字。渤海的文学也很发达。传世的文章都是用唐初流行的骈体文写成，文笔流畅，对仗工整，目前发现的两个公主墓志的文字也与唐内地的金石文字的风格极为一致。渤海的诗歌也有较高的成就。

渤海的建筑技术已达到相当高的水平。无论城市，还是宫殿、官署、寺庙的建筑都很得体，如上京城的布局，与唐长安城极为相似。

渤海的雕刻也有较大的成就，以石雕最为突出。贞惠公主墓出土的石狮，造型逼真，古朴洗练，从造型和刀法上看，和陕西省唐乾陵的石狮极为相似，表现出浓郁的盛唐风格。

渤海不只本身全面接受了唐内地先进的文化，而且还是向日本传播的使者，在吸收的同时，逐步创立了自己的文化。

雕版印刷业兴起

唐代是中国雕版印刷的始兴时期。唐代雕版印刷具有很高艺术水平，发现于敦煌而藏于伦敦的《金刚经》，卷首有释迦牟尼说法的扉画，妙相庄严，刻镂精美，是一幅成熟的作品，是印刷史上的冠冕。

中国古代雕版印刷大约兴起于唐代早期，而唐中晚期时，雕版印刷则在全国渐渐推广，世界上现今最早的印刷品是于1974年出土的初唐印刷的《陀罗尼神咒经》。

7世纪唐贞观年间，雕版印刷开始出现。

唐代贞观之治，科举上主要以诗赋取士，诗人辈出，唐诗成为中国诗歌史上的顶峰；散文、书画也达到很高水准，雕版印

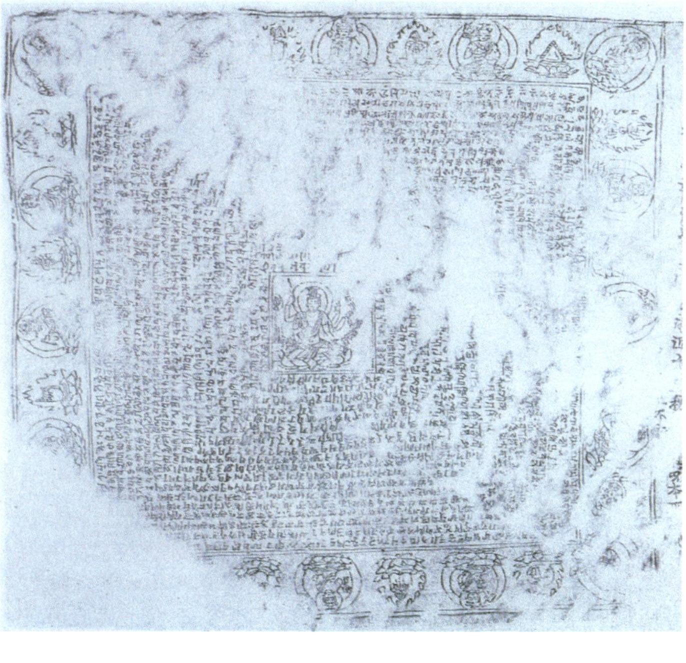

◎唐《梵文陀罗尼经咒图》。唐至德二年至大中四年（757～850年）刊行，为我国现存最早古版画之一。

刷逐渐发展起来。唐代刻书地点，今天可以考证的就有京城长安、东都洛阳、越州、扬州、江东、江西，尤其是益州、成都最为发达。咸通年间印刷的《陀罗尼神咒经》出土于长安市西郊晚唐墓，是国内现存最古的唐印本。

雕版印刷最初是在民间流行，至五代后唐明宗长兴三年（932年），官府开始采用雕版印刷，自此，政府刊刻书籍日渐增多，政府命国子监主持书籍刊刻工作，书版也藏于国子监，称为“监本”。

第一次实测子午线长度

唐代开元十二年（724年），中国的一行进行了世界上子午线（经线）1度弧长的第一次实测工作。

一行（683～727年），本名张遂，魏州昌乐（今河南省南乐县）人，中国唐代高僧、天文学家和大地测量学家。

开元年间，一行为编撰《大衍历》，发动和组织了大规模的全国天文大地测量，测量点共12个，南至交州，北达铁勒。这些测量为《大衍历》关于日食和昼夜长短的计算提供了很重要的资料。

而一行所领导的，由天文学家太史丞南宫说等人主持的在河南的测量，是这次测量中最为重要的。724年，他们在大致位于同一子午线上的白马（今滑县附近）、浚仪（今开封西北）、扶沟和上蔡四地测量了夏至正午日影长和北极高度，并用测绳丈量了它们之间的距离。经归算，从白马到上蔡有526.9里，日影长相差2.1寸。一行通过与其他地方的测量相比较，得出地上南北相差351.27里，北极高度相差1度。

唐代一行组织的这一次大地测量，不仅为《大衍历》成为一部优秀的历法作出了贡献，而且彻底否定了“日影千里差一寸”的陈见，故意义十分重大。

◎唐僧一行。一行编制了《大衍历》，进行了世界上子午线长度的第一次实测。

文化小辞典

水运浑天仪

唐开元十三年（725年）十月，僧一行和梁令瓒及诸术士合作，制成了水运浑天仪。

浑天仪以铜铸造为球形，球形浑象内列满星宿，注水冲轮，使球形浑象旋转，自转一周为1日1夜。球形浑象外又安置2个圆环，环上缀日月。日标每昼夜回转一周，又沿黄道（太阳在天球中的视运动轨道）东行1度，365日沿黄道移动一周；月标每昼夜回转一周，27日半沿白道（月球在天球中的视运动轨道）移动一周，为一月。水连浑天仪放置在木柜上，木柜顶端和地面持平，使浑天仪一半在地上一半在地下。另外，有两木人立于平地上，前置钟鼓，以候辰刻。其一每刻击鼓，另一则每辰（今两小时）撞钟。所有机关都藏在柜子里面，时人都惊叹其巧妙。

浑天仪全称为“水运浑天俯视图”，制成后放在武成殿前。运行后仪器被水击湿而不能自转，于是被收藏在集贤院中，不再使用。

水运浑天仪既能表示天体运动，又能指示时间，是后世天文钟的前身。

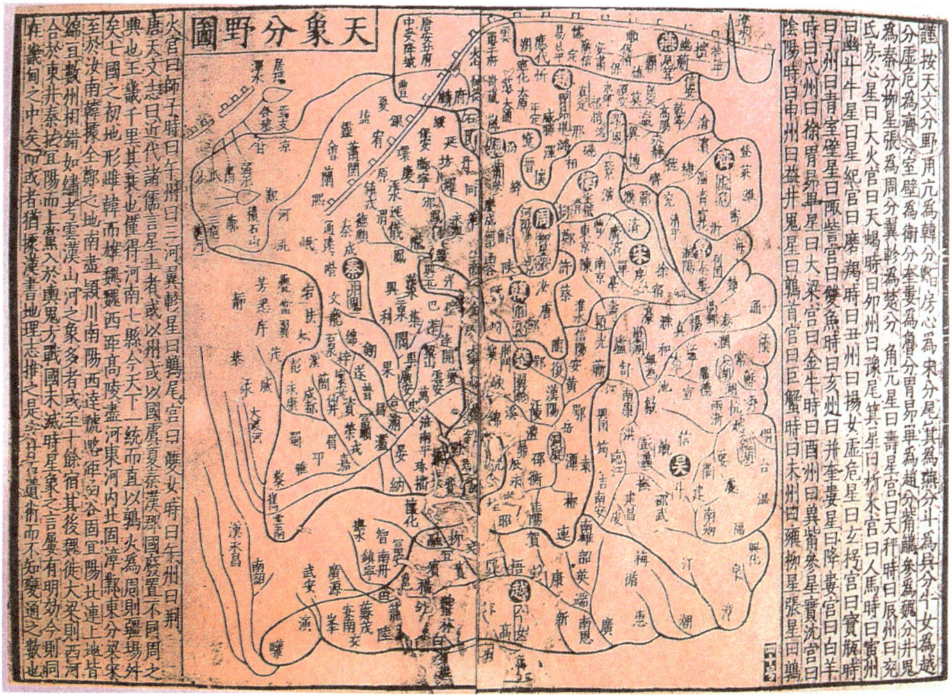

◎分野图。分野图即天象分野图。分野之说是我国古代占星术中的一种概念，它认为地上有各州、郡，天上也有对应区域。

唐代开始发行官报

唐代的官报，是由各地派驻长安负责呈进奏章和通报消息的进奏院和进奏官们分别向各个地方抄发的，当时通称为进奏院状报、进奏院状、邸吏状或报状。

1900年在敦煌石窟发现的唐僖宗光启三年（887年）的进奏院状，就是一份唐代的官报。

开元杂报是发布于唐玄宗开元十二年至十四年（724～726年）的官报。“开元杂报”不是固定的报名，是唐代人对当时官报的泛称。它是“系日条事，不立首末”的“数十幅书”，其中的记事，凡“数十百条”。内容以报道朝廷政事为主。

《唐韵》编成

唐代孙愐编撰的《唐韵》是当时订补修正《切韵》的两部重要著作之一。《唐韵》共五卷，源出于《切韵》，并对其进行了认真的刊正和增补，对韵书的不断完善起了非常重要的作用。

《唐韵》对《切韵》最大的发展是增加了两个韵部：在平声中，从真韵分出谆韵，从寒韵分出桓韵，从歌韵分出戈韵；在上声中，从轸韵分出准韵，从旱韵分出缓韵，从哿韵分出果韵等。加上《切韵》原有的193韵，《唐韵》共分204韵，已基本上奠定了后来《广韵》206韵的规模。

《唐韵》的原书早已佚失，现本

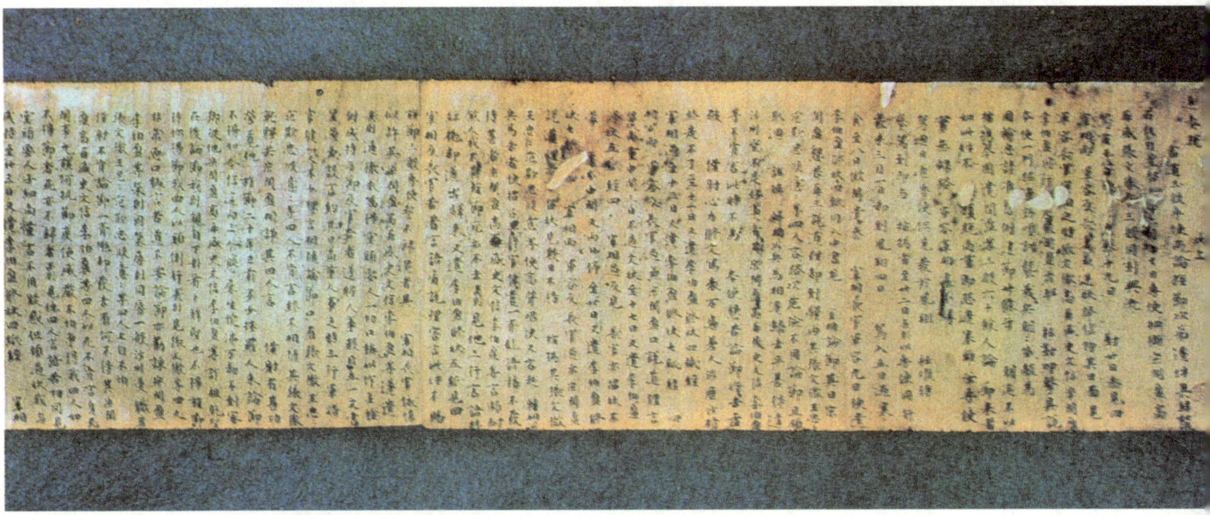

◎唐代官报。于甘肃敦煌藏经洞发现的进奏院状。

◎《唐六典》。记一代典章制度的专史称“会典”。

《广韵》的卷首保存有孙愐的《唐韵序》。近代以来又陆续地出土了一些《唐韵》的残本。1908年在北京发现了成书于唐天宝十年（751年）的《唐韵》，所以称为“天宝本”。

《唐韵》在很大程度上扩大了《切韵》的规模，在唐代曾经产生过很大的影响。宋代的许觊曾在《东齐记事》中说：“自孙愐集为《唐韵》，诸书皆废。”可见当时《唐韵》曾经占据首要的位置。

唐代冶金技术进一步发展

唐代的冶金技术与前代相比，不仅冶炼规模明显增大，而且产品数量、品种、质量都有明显增加和提高，操作技术更为纯熟。

一是炼铁技术的进步。1958年，在安徽省繁昌县的竹园湾、三梁山、铁牛山一带，于10里左右的范围内发现了6处较大的冶铁炉遗址。从现在的保存遗址看，竹园湾炼炉是具有炉身角和炉腹角的，其炉子规模虽较古荥汉代竖炉为小，但它与当时的鼓风能力、燃料条件等更为适应，反映唐宋炼铁术比汉代前进了一大步。

二是胆水炼铜技术的发展。约成书于唐乾元元年至宝应年间（758～762年）的《丹房镜源》记载：“今信州铅山县有苦泉流以为涧，挹其水，熬之则战胆矾，即成铜，煮胆矾铁釜久久亦化为铜也。”可见当时胆水炼得的铜已有“铁铜”这一专门名称。

三是黄铜技术的发展。南北朝时，中国开始使用人工配制的黄铜，唐时，它不但成为服饰军级的一种标志，而且还用到佛像装饰上。

四是砷白铜技术的发展。砷白铜的前身是黄色铜砷合金，隋开皇年间，苏元明在《金藏论》中便对雄

◎唐开元铁牛。山西黄河蒲律津桥的唐开元铁牛，是盛唐冶炼业、制造业及雕塑工艺耀眼夺目的代表作。

黄、雌黄、砒霜点化黄色和白色钢砷合金的经验作了简单总结：“雄黄者以草药伏住者，熟炼成汁，胎色不移，若将制诸药汁并添得者，上可服食，中可点铜成金，下可变银成金”、“砒霜者草伏住火，烟色不变移，熔成汁添者点铜成银”。以雌黄、砒霜点铜而成之“银”应是砷白铜。

五是有关失蜡法铸造技术的发展。《唐会要》记载：武德四年（621年）七月十日废五铢钱，行开元通宝钱，“询初进腊模，因文德皇后捻一甲迹，故钱上有捻文”。“腊模”即特制之钱样，这个记载充分说明开元通宝最初使用失蜡法铸造。

六是翻砂法铸造技术的出现。唐初开始使用翻砂铸钱，工艺原理与今翻砂法基本一致，其钱模有“铜母”、“锡母”两种。

七是锻铁工艺的继续使用。中国古代锻铸技术在汉魏时期已发展到了相当成熟的阶段，后因炒钢技术的发展，在农业、手工业工具中出现了“以锻代铸”的过程，铸铁可锻化退火处理亦逐渐衰退下来，但从现有分析资料看，一直到唐代还使用过这工艺。

水稻成为第一作物

隋唐农作物的构成有较大变化，粟、麦、稻是当时的三大粮食作物，但直到唐初仍以粟为首位，随着南方水稻生产的发展，纳稻代粟的数目越来越大。中唐以后，南方稻米岁运已达300多万石（《旧唐书·食货志》下），南方的水稻在粮食生产中的地位已超过了粟，水稻成为第一作物。

品种的增多促进了水稻生产的发达。有白稻、香稻（香粳）、红莲、红稻、黄稻、獐牙稻、长枪、珠稻、霜稻等12种，绝大多数为长江流域及其以南地区所有。其中除白稻、香稻、黄稻以外，另外9种前代文献均未有记载，当为隋唐时新增品种，而且多属晚稻品种。

唐代水稻的种植面积比前代大大增加，并广泛采取育秧移植的栽培方

◎梯田。梯田可能在战国时就出现了，北魏《齐民要术》中的区田法为梯田雏形。经唐一代的发展，到宋代，梯田之名见于典籍。

◎敦煌壁画《弥勒经变·农耕》

法。水稻新品种的增加和晚稻品种的出现、育秧移植和早稻的栽种，提高了水稻的产量和质量，又为稻、麦复种制的出现和形成创造了条件，使两年三熟的耕作制逐渐在南方推广，有的地方可一年两熟。

长江流域在中唐以来已是最主要的农业区，实行稻麦轮作复种制，水稻产量大大增加。稻麦轮作复种制的形成，反映到国家赋税制度上，便成为以夏秋两征为主要特点的“两税法”得以产生和实行的基础。

水稻成为第一作物和唐代农具的改进、水利灌溉事业的发展、精耕细作程度提高等因素也分不开。由于耕地农具改进，唐代江南水田已普遍实行犁耕，耕作技术也相应提高。耕地后，要进行耙地，然后是“砺碎”，以用“破块滓，混泥涂也”。这是南方水田生产耕作精细化的一个标志。

水稻属于高产作物，自汉代起就已成为我国南方人民的主要食粮；中唐后它取代粟的地位成为第一粮食作物，反映了我国农业文明自北向南不断发展。

茶业发展成熟

茶业在唐代南方的农业经济中是一个重要部门。茶业经过历代的发展，到唐代已发展成熟。

我国是茶的故乡，现今世界产茶国家的茶都是直接或间接地由我国传入、加以改进而发展起来的。我国利用和栽培茶树早在商代就已开始，到了汉代，茶叶已发展为商品，巴蜀是当时全国茶业中心，饮茶之风在四川也已盛行。魏晋南北朝时期，长江中下游茶业获得显著发展，但在北方茶叶尚属少见。

唐代，南北统一，交往密切，饮茶风气也普及北方，《封氏闻见记》卷六《饮茶》记载：“人自怀挟，到处煮饮，从此转相仿效，遂成风俗。自邹、齐、沧、棣，渐至京邑，城市多开店铺煎茶卖之，不问道俗，投钱取饮。”中唐以后，饮茶风气更是普遍，“上自宫省，下至邑里，茶为食物，无异米盐”，说明当时茶已成为人们日常生活的必需品。在边疆少数民族居住地，饮茶风气也进一步传开。“茶道大行”，“流于塞外，往年回纥入朝，大驱名马，市茶而归”（《封氏闻见记》），吐蕃地区也运入了汉族地区生产的各种名茶。

饮茶的风行，促使茶成为当时重

要的商品，南方茶叶大批运往北方。茶叶需要量的增加，势必会促进茶业的发展。除了野生的茶树外，还大量进行人工栽培。唐代茶叶产地大大增加，遍及今四川、云南、贵州、广东、广西、福建、浙江、江苏等15个省区（当时是50个州郡），其地理位置多为气候温湿的秦岭、淮河以南，这些地区的许多丘陵和山坡上都种植了茶树。除了农民自己种植的茶园外，地主和官府也经营茶园，有的茶园规模很大。

唐代制茶业也已相当发达。当时的茶叶分为（粗）茶、散茶、末茶和饼茶四类。据《唐国补史》记载，唐代已出现名茶20多种，“风俗贵茶，茶之名品益众”。

◎茶罗子。名茶的制作工艺讲究，甚至需要专门的工具。图为陕西扶风法门寺出土的唐代鎏金仙人驾鹤纹壶门座茶罗子。

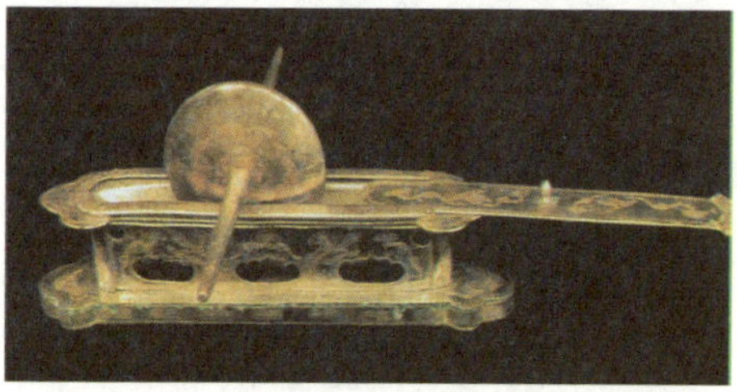

◎茶碾子。陕西扶风法门寺出土的唐代鎏金鸿雁流云纹茶碾子。

随着茶业的发展成熟，茶树栽培技术积累了许多宝贵经验，《四时纂要》里有较全面而翔实的记述。

唐代茶业在中国茶业发展史上占有承前启后的地位。它不仅在南北朝的基础上有了迅速发展，而且影响遍及世界。正是在唐朝茶业兴盛的基础上，世界第一部茶业专著《茶经》问世；也正是在这个时期，茶树种子和栽培技术从中国传到了日本和朝鲜。

星图进入日常装饰

隋唐时期的天文学发展很快，取得的成就也是喜人的，恒星观测体系的完善使得人们有更多的机会了解天上的恒星，同时也使得星图进入日常装饰领域。

星象知识的普及可以从敦煌藏经洞中发现的星图以及唐代和五代时期的墓室星图看出，现今知道的一些唐代墓室星图多为表意性的，属于唐代早期的李寿墓的星图有带三足鸟的日像与有摇树玉兔的月像，分别绘于两端，中间有分岔的天河，天河两旁是缀满星点的星空背景；唐懿德太子及其妹永泰公主墓以及章怀太子墓室中也有类似的天象图，其用意不得而知，可能是为了使死者免于在永久的黑暗之中，让他们继续生活在有日、月、星三光照耀的环境之中吧。但是位处边陲的新疆阿斯塔那墓室星图，除日月以外，周围还有二十八宿的形象，银河位于中央。这幅唐代的墓室星图虽然也是表意性的，但是星点已不是随意点上去的，二十八宿图案经艺术化处理，显得十分齐整，然而各宿的形象仍很易辨认，可见当时星象知识的普及程度。此外，出土的唐代铜镜上也有二十八宿图案，这是上层社会的日常用物，反映出工艺设计匠人的天文知识水平。

值得特别提出的是五代时期吴越国的墓室星图，例如杭州出土的越国文穆王钱元瓘墓内的石刻星图及其次妃吴汉月墓的石刻星图，这些图直径两米，图上二十八宿的位置是参照位置比较准确的星图底本刻出来的，看来这些星图含有比装饰更深的内涵。

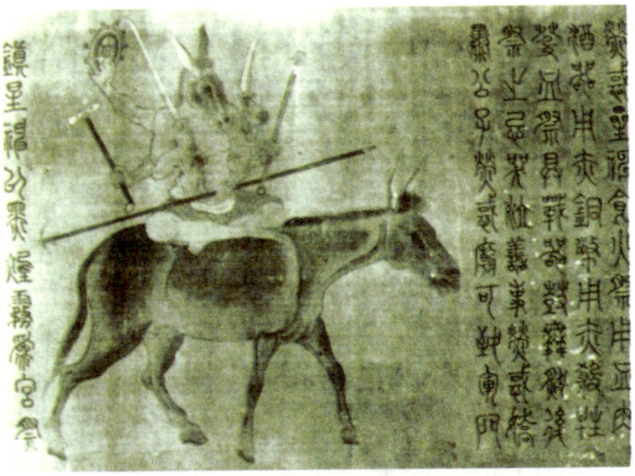

◎唐梁令瓒《五星二十八宿神形图》。绢本设色。中国古代对天文的研究有很高成就。许多古代天文学家也擅长占卜，对天文学的发展起了一定作用。古代若干观天历算的经典往往将五星、二十八星宿比喻为人形、兽形、鸟形及器物等。

小辞典 文化

张旭狂草

张旭，唐书法家。字伯高，吴郡（江苏苏州）人。工书，精通楷法，草书最为知名，逸势奇状，连绵回绕，具有新风格。

继“二王”今草血脉，初唐草书一直处在酝酿蓄积阶段，欧、虞、褚、薛诸家虽以楷书名世，同时也有行草佳作。孙过庭师法“二王”，著《书谱》，亲笔草书文稿笔势坚劲流畅，墨法清润，所谓“千字一类，一字万同”，已表现出唐草新意。活动于开元年间的大书法家张旭在今草基础上发展而为狂草，怪怪奇奇，超出王氏畦畛之外，与张芝、王羲之同为后世草书楷模。诗人杜甫《饮中八仙歌》称“张旭三杯草圣传，脱帽露顶王公前，挥毫落纸如云烟”。传说他作草书从担夫争道、鼓乐吹唱中感悟笔意，“又观公孙大娘舞剑器，然后得其神”，故他的草书融铸心灵慧悟和对自然万物的体验，极富创造性，所谓“变动犹鬼神，不可端倪”。

宋宣和内府收有张旭狂草《古诗四帖》五色笺一卷，原著录置为谢灵运名下。明董其昌加以考辨，鉴定为张旭草书真迹，为海内孤本，尤为珍贵，今藏辽宁省博物馆。张氏草书还有西安碑林的《肚痛帖》。

类似张氏的狂草风格，今在敦煌103 窟盛唐维摩诘像壁上发现有狂草书屏，可以得知张氏狂草书风在盛唐时期已经相当流行。

张旭以“草圣”名世，兼能楷书。《广川书跋》称他的楷书“备尽楷法，隐约深严，筋脉结密，毫发不失，乃知楷法之严如此。夫守法者至严，则出乎法度者至纵”。上海博物馆藏拓本《郎官石记序》是张旭传世的楷书孤本，全篇楷书疏朗淳雅，凝重舒合，风格近似虞、褚。张氏书法，一人而二面，楷书“至严”，草书“至纵”，似乎不相调和，这其中的道理苏轼给予了形象的阐述，“长史草书，颓然天成……今世称善草书者，或不能真行，此大妄也。真生行，行生草。真如立，行如行，草如走，未有未能行立而能走者也”。苏轼此话出自实践经验，可作张旭真草二体殊异的注解。

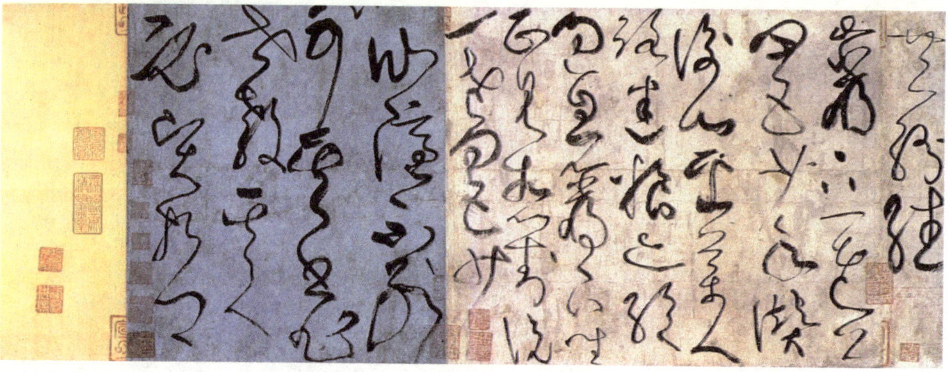

◎唐张旭《古诗四帖》（部分）。此卷书法气势奔放纵逸，笔画连绵不断，字形变化丰富。

李白在蜀游学

◎李白像

李白（701～762年），字太白，号青莲居士，绵州昌隆（今四川江油）人。李白是盛唐诗坛的代表人物，中国文学史上继屈原之后又一伟大的浪漫主义诗人。

李白诞生于碎叶城，5岁时随父迁居四川彰明县的青莲乡。李白的青少年时期都在四川度过，直到开元十四年（726年）才出蜀远游。

李白幼年所受的教育，除儒家经籍、古代文史名著外，还有诸子百家等；他不仅是一个“十五观奇书，作赋凌相如”的青年作家，还是一个“十五游神仙”“十五好剑术”的少年游侠和羽客。传说李白少年时为打抱不平曾“手刃数人”。

李白很早就相信道教，喜欢隐居山林、求仙学道，但同时又有建功立

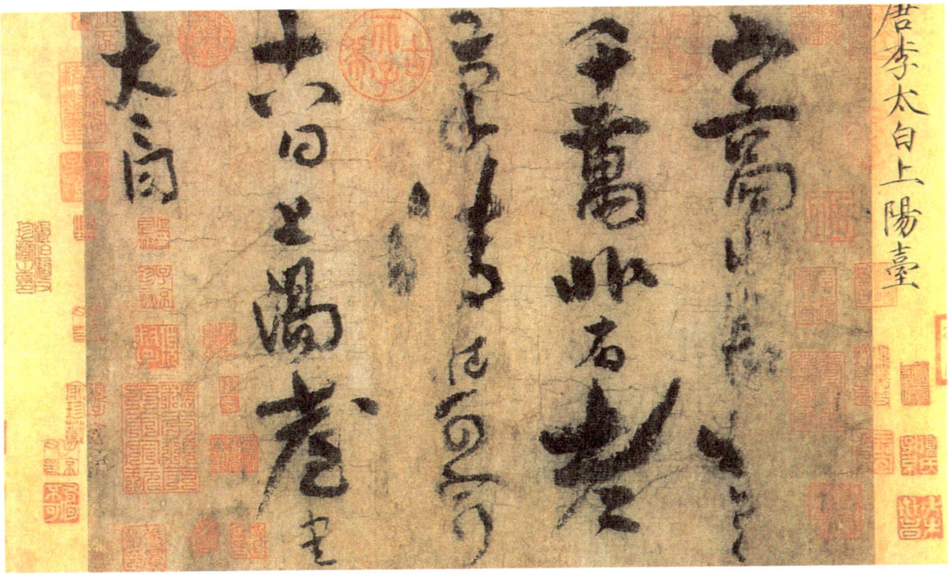

◎李白《上阳台》手迹

业的政治抱负。他的这种既追求超脱尘俗做隐士、神仙，又渴望出世谋仕做君主辅弼的追求和信仰矛盾，造成了他以后思想上的复杂性。

20岁后，李白开始在蜀中漫游，曾登峨眉、青城诸名山，留下的《访戴天山道士不遇》和《峨眉山月歌》等诗篇，是现存李白青少年时期为数不多的诗作中最有代表性的篇章，它们显露着少年李白突出的才华。

李白在蜀的学习和游历，对他豪放性格和诗风的形成有重要影响。

李白和王昌龄的七言绝句一起被推为唐诗中的神品，它具有语浅情深、韵味淳厚、音节和谐、气势畅达的特点，取得了后世难以企及的艺术成就。其中像《峨眉山月歌》“峨眉山月半轮秋，影入平羌江水流。夜发清溪向三峡，思君不见下渝州”，如同口语般自然而又极为优美隽永。

杜甫漫游天下

杜甫（712～770年），字子美，祖籍襄阳（今属湖北），是唐代最杰出的现实主义诗人。他出生在一个世代“奉儒守官”的家庭，这对他一生的创作道路有着重要影响。杜甫早慧，他在《壮游》诗中追忆说：“七龄思昂壮，开口咏凤凰。九龄书大

◎《柴门送客图轴》。明周臣绘，取意杜甫《南邻》诗末句“相送柴门月色新”。

字，有作成一囊。”十四五岁就在文坛崭露头角，受到前辈的重视。

20岁起，诗人开始了他为期10余年的漫游生活，他先游吴越，到过金陵、姑苏，曾经泛舟剡溪直至天姥山下。

开元二十三年（735年）他回洛阳参加进士科举考试不中。第二年他又在齐赵一带开始了他的第二次漫游，直到开元二十九年（741年）才回到洛阳。

天宝三年（744年），他在洛阳结识李白，相邀同游梁宋，同行的还有著名诗人高适。后来高适南游楚地，李杜则北上再游齐赵，他们一起登高怀古，寻幽访胜，饮酒论诗，结下深厚友谊，他晚年回忆这段时光是“放

荡齐赵间，裘马颇清狂。春歌丛台上，冬猎青丘旁”（《壮游》）。这个时期的漫游使诗人接触到祖国众多的文化古迹和壮丽山河，结交了不少造诣深厚的良师益友，为他诗歌创作的发展成熟作好了准备。

这一时期唐王朝国强民富，但玄宗已开始好大喜功，开拓边疆，社会上已隐伏了不安定因素。杜甫对此有所预感，但并未重视。他这时期所写的诗可能有数百首，但只有20多首流传下来，主要是五言律诗和五言古体诗，表现出青年诗人对自己前途和能力的乐观自信，充满了勇于攀登、蓬勃向上的青春朝气。如这一时期最著名的《望岳》诗“会当凌绝顶，一览众山小”，气象开阔，笔力雄健，不同凡响，充分体现了青年杜甫积极的乐观主义精神。

唐诗兴盛

唐诗是中国诗歌史上辉煌灿烂的一页。形式方面不论古体律绝，还是五言七言，都由完备而达全盛之境。派别的分立，思潮的演变，呈现着万花缭乱的景象。

唐诗的特色之一，是其内容的丰富。自王绩《野望》显示唐律诗成熟以来，经过“初唐四杰”王勃、杨炯、卢照邻、骆宾王的发展，唐诗更是派别分立，交相辉映，相互促进发展。在那些作品里，有“诗仙”李白的浪漫诗，有杜甫的忧国忧民诗，有王昌龄的边塞诗，有王维山水田园诗等，无论自然山水、战场边塞、农村商贾、宫妃贵妾，还是政治的现状、历史的故事、贫富悬殊的情形，以至于人生哲理、离别爱情，无不加以描写。唐诗的不断发展扩大了诗的境界，增强了诗的生命，抬高了诗的地位，丰富了诗的内容。

唐代的著名诗人，都不是君主贵

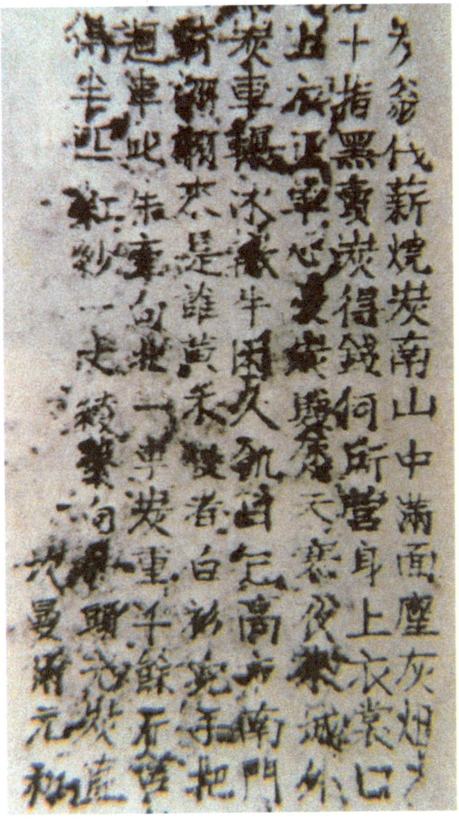

◎白居易《卖炭翁》诗拓片。新疆若羌米兰故城出土。

族的特殊阶级，大半是出自民间，他们都有丰富的对民众生活以及现实社会的体验。被君主、贵族掌握的诗坛转移到了民间诗人的手里，是使唐诗光辉起来的一个重要原因。**唐代诗歌是我国古代诗歌的集大成者，达到了后人难以企及的地位，是我国诗歌史上的最高峰。**

边塞诗

边塞诗派是盛唐诗歌流派之一，代表诗人是高适、岑参，还有王昌龄、李颀、王之涣等。唐朝，与欧亚各国及国内各民族之间有着广泛的往来，但也时常发生一些民族冲突，边塞战争频繁。

这些历史现象对当时的生活影响较大，因此也成为很多诗人歌咏的题材。边塞诗作者结合壮丽辽阔的边疆景象，表现驰骋沙场、建功立业的壮志豪情，抒发慷慨从戎、抗敌御侮的爱国思想，反映征夫思妇的忧怨以及边疆的荒凉艰苦生活，同时也反映了唐帝国内部的各种矛盾。

边塞诗人的作品气势奔放，慷慨激昂，给人一种奋发向上的力量。边塞诗人深入表现边塞生活，不论从开拓诗歌的表现题材，还是艺术上的创新方面，都取得了很大成就。王昌龄的《出塞》、《从军行》，李颀的《古从军行》，都是唐边塞诗中的杰作，王之涣和崔颢等人也写过一些边塞诗，但边塞诗人中成就最大是高适、岑参，因而该诗派又称“高岑诗派”。

◎吐鲁番故城宝匣印经塔

◎西域边塞风光。唐时边塞诗兴盛，造诣极高。

行开元新礼

开元二十年（732年）九月，《大唐开元礼》颁行。

古代有王礼，祭祀为吉礼，丧葬为凶礼，军旅之事为军礼，宾客之事为宾礼，婚宴之事为嘉礼。唐初，太宗命魏征、房玄龄增补隋礼编成《贞观礼》，共130篇；高宗时，又命长孙无忌加以修改，整编成《显庆礼》，共130卷。开元十年（722年），玄宗李隆基任命国子司业韦绦为礼仪使，掌管五礼。从开元十四年（726年）起，大臣纷纷上书指出贞观、显庆礼的不足之处，张说建议删改《五礼仪注》，李隆基采纳了他的意见，诏令集贤院学士徐坚、李锐、施敬本等人制定新礼。732年九月，新礼编成，命名为《大唐开元礼》，共150卷。

◎《唐人倦绣图》（摹本）。图中绘三人围坐绣案旁，一人持线，另二人困倦小憩，形象、服饰等都反映出唐人风范。

◎唐仪仗壁画

开元礼仍由吉、凶、军、宾、嘉五礼组成，而且许多地方参考或沿袭了前代诸礼。开元礼吸收了显庆礼的祈谷、大雩、明堂等祭祀昊天上帝之礼，也吸收了上元敕令中“父亲尚在子为母斋衰三年”之礼；另外，它参考收集了高祖配阛丘、方丘及太宗配雩祀、神州地祀和睿宗配明堂等礼。

《大唐开元礼》制定了比较完备的礼仪，后世一般沿用此礼，有时也增加或删改，但多数没有逾越此礼。贞元以后行“开元礼举”，即以《大唐开元礼》为依据。

《大衍历》编成

唐开元年间，僧一行（俗名张遂）编撰了一部优秀的历法——《大衍历》。

《新唐书·历志》中记载了该历的许多内容。该历法有很好的实测基础，一部分测量资料来自黄道游仪的观测，另一部分来自全国多个观测点的极高、日影和距离丈量。

《大衍历》不但有历术七篇（步中朔术、发敛术、步日躔术、步月离术、步轨漏术、步交会术、步五星术），在历法的结构和内容上形成系

◎唐八卦纹镜。镜有为官清正之寓意，故出土甚多。

统，而且还力图探讨历法原理，寻找历法的本质，从哲学的角度解释历法。

《大衍历》的数据是建立在观测基础上的，但一行却用《易》释历，追求抽象的历理。这对后世影响较大，反映出唐代天文学家集历算家与星占家为一身的特点和对传统天文学体系的进一步强化。

《大衍历》还记载了计算七曜不均匀运动的成就，计算太阳运动是以定气为根据的，由于定气之间的时间间隔不相等，一行又发明了不等间距二次内插公式，用以计算太阳的不均匀运动，如求日行速度不等而引起的定朔校正数。

在推算日食上，《大衍历》也有很大的成就。《皇极历》给出的只是某一固定地点日食的计算方法，一行给出的计算方法则对不同地理纬度、不同季节都作了考虑，将周日视差的影响命名为“食差”，使日食计算前进了一大步。

《大衍历》还对不同地区所见日食分不同的描述，且已隐约谈到全食带及食带以外所见日食不同的道理。对判别日食的亏超方位《大衍历》也作了很好的论述，比以往的认识更全面细致。就《大衍历》对日月交食的认识和计算看，可看出经隋至唐天文学有了长足进步。但由于日月食现象比较复杂，这时还未能精确掌握日月食的预报。《大衍历》中有两次日食就是因为推算不够准确而出现预报错误。

绢帛代钱衰落

绢帛是丝织物的总称，有锦、绣、绫、绮、罗、纱、紬、绢、缣、缎等种类，这些丝织物都可以被当作

◎唐玄宗李隆基《石台孝经》。唐玄宗时期是唐代学校兴盛的又一个高潮。

货币使用，其中最普遍的是绢和缣。除此之外，以麻、苎、葛等为原料的布也可以作为货币使用。这种以绢帛为货币的习俗从南北朝一直延续到隋唐五代，不仅在民间广泛使用，而且也得到了政府法律的确认，成为重要的法定支付手段之一。

唐政府不仅多次下令申明绢帛作为货币的合法性，而且还鼓励民间交易中使用绢帛为货币。唐玄宗曾在敕令中强调“布帛是本，钱刀是末”，并规定所有庄宅口马交易都要先用绢、布、绫、罗、丝等物，其余市价1000以上的也要钱物兼用，否则便给予处罚。因此，唐代民间交易中绢帛的使用非常广泛，旅行的路费、馈赠、赏赐、借贷、蓄藏等均使用绢帛。政府不仅庸调收纳绢帛，租税在两税法后也多纳绢帛。唐穆宗长庆（821～824年）以后，政府甚至直接征收绢帛。政府在支付官吏俸禄、军费和皇帝赏赐大臣时也常常使用绢帛。在唐政府与周边民族的对外贸易和交流中，绢帛也具有非常重要的地位。

但绢帛为货币流通的现象是商品种类少、商品交换与货币经济不发达的表现。绢帛一经裁割，质地就会破损，久藏则会变质或朽坏，价值就会减损。作为货币的绢帛始终有很多缺点，不如铜钱易于携带和保存。因此绢帛只是在初唐和盛唐时期作为货币盛行——但在盛唐时也开始受铜钱的排挤；随着商品交换和货币经济的迅速发展，绢帛作为货币的使用已越来越少，唐开元时期已很少有人愿意使用绢帛，致使政府不得不一再地申明和鼓励使用绢帛。

唐中叶以后，社会分工进一步扩大，社会经济得到了极大的发展，特别是最有典型性的茶业的兴盛和市场不断开拓，都使铜钱的流通不断增加，使绢帛的流通使用日益减少，越来越衰落。

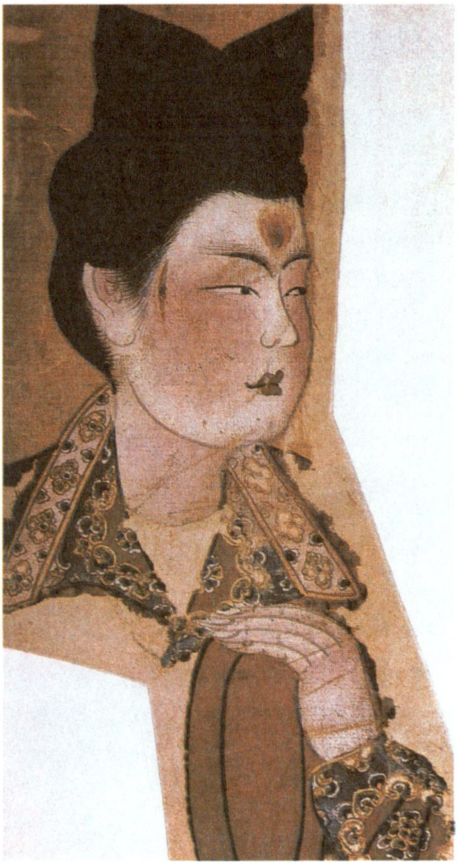

◎唐屏风画残片

小文化辞典

健舞软舞

舞蹈是唐代最重要的表演艺术形式之一，它在中国古代舞蹈史甚至文明史上是最为灿烂夺目的一页，是我国古代舞蹈艺术的发展高峰。

健舞、软舞是唐代按照风格特点划分的，多为单双人的小型表演性舞蹈，在宫廷、贵族士大夫家中及民间广泛流传。一般来说，健舞动作雄豪刚健，节奏明快，间有舒缓段落。软舞优美柔软，节奏舒缓，其中也含快节奏的舞段。其共同特点是来自民间，经过艺人们较多的加工，技高艺精，受人欢迎，流传广泛，影响深远。

健舞类的《胡旋舞》、《胡腾舞》和《柘枝舞》等“胡风舞蹈”在唐代诗文、文物等各种记载和形象中，有较丰富的、生动形象的描述。

健舞、软舞两类中均有《柘枝舞》。健舞《柘枝舞》，原为中亚一带民间舞蹈。其主要伴奏乐器是鼓，并间有歌唱。该舞蹈具有节奏鲜明、气氛热烈、风格健朗的特点，但它又不同于阳刚雄健的《胡腾舞》。

唐代创作的舞蹈，影响较大的有软舞类的《绿腰》、《春莺啭》。《绿腰》又名《六幺》、《录要》、《乐世》等，主要旋律可能十分动听，流传很广。《春莺啭》是软舞类的著名舞蹈，据同名歌曲编舞，《教坊记》中有载。

健舞和软舞是吸收了各处乐舞的丰富滋养而逐渐形成的一组表演性舞蹈作品。内容丰富，形式多样，流传时间长，传播地域广。它们从一个方面代表了唐代舞蹈艺术高度发展的水平。

◎敦煌壁画极思经变中的舞蹈图。舞蹈者肩披锦带，腹部裸露，赤足，腕部戴着系有小铃铛的镯子，其舞姿明显带有外来舞蹈风格的痕迹。

◎唐代敦煌《观无量寿经变·舞乐》

炼丹家发现火药三成分

中国炼丹家在长期的炼丹实践中逐渐发现并掌握了火药的性能，在唐代已发现火药三成分。

隋末唐初医学家、炼丹家孙思邈（581～682年），史称“药王”。选录入《诸家神品丹法》的《孙真人丹经》，相传是孙思邈所撰，记载有多种“伏火”之法。其中有“伏火硫黄法”，使用了硫黄和硝石。

唐宪宗元和三年（808年），炼丹家清虚子在其所著《太上圣祖金丹秘诀》中也记载了硫黄伏火之法，这类伏火之法原意是为了使硫黄改性，避免燃烧爆炸，但同时他们认识到，上述丹方中含有硝石、硫黄和“烧令存性”（即碳化）的皂角子或马兜铃粉，三者混合具有燃烧爆炸的性能，从而发明了原始火药。炼丹家正是通过他们的长期实践，才发现硝石、硫黄和木炭等混合物的爆炸性能，因此，至迟在808年，含硝、硫、炭三成分的火药已经在中国诞生。

◎次上乳。唐代服食炼丹药材。

◎光明砂。西安何家村出土的唐代服食炼丹药材。

在中唐以后成书的《真元妙道要略》中更有明确的记载：“有以硫黄、雄黄合硝石并蜜烧之，焰起烧手、面及烬屋舍者。”“硝石宜佐诸药，多则败药，生者不可合三黄等烧，立见祸事。”三黄是指硫黄、雄黄和雌黄。原始火药由此而逐渐进入军事应用的新阶段。

克孜尔石窟融汇中外艺术

位于丝绸之路上的龟兹，盛行佛教小乘学，3世纪时佛教达于极盛，境内伽蓝连路，少则僧徒数十，大则沙门成百，石窟寺院遗迹丰富，克孜尔石窟就是其中的代表。

克孜尔石窟位于今天新疆拜城县东南60余公里处，凿建于木札提河北岸明屋达格山的悬崖上。现存的洞窟分布在谷西、谷内、谷东、后山4个区内，已编号者有236窟，其中窟形和壁画保存较完整的有81个窟，是古龟兹境内现存规模最大的石窟群，也是龟兹石窟的典型代表。

早期洞窟约在4世纪修建，以中心柱窟、大像窟和僧房窟为主。中心柱窟的壁画数量多，保存也较好。主室券顶中脊处壁画以天象图为主，组合复杂，一般包括日天、月天、风神、蛇形龙、立佛和金翅鸟。

早期洞窟反映当时社会世俗生活的石窟建筑和画面内容，说明克孜尔石窟艺术是在本地区艺术传统基础上深受中原文化影响又吸收了外来文化而形成的艺术结晶。

中期洞窟为5～6世纪时修建。壁画主要集中于中心柱窟。主室为纵券顶的中心柱窟，券顶中脊壁画仍以天象图为主要题材，但出现简化的趋势，同时出现须摩提女清佛的因缘故事新题材，并出现以塔为背景的新的构图形式。有前室的中心柱窟，画高大的立佛像或大幅说法图，也是早期洞窟所不见的。

◎克孜尔逾城出家壁画。克孜尔石窟是古龟兹境内现存最大的石窟群，也是龟兹石窟的典型代表。

晚期洞窟为7～8世纪修建，洞窟类型同于中期，但规模变小，形制内容都趋于简化。

克孜尔石窟早、中期的壁画，集中表现释迦的本生、本行和教化事迹，这是小乘佛教“唯礼释迦”的具体反映。晚期壁画显示了大乘佛教对龟兹佛教艺术的影响逐渐加深，而这种影响当来源于盛行大乘佛教的于阗或中原地区。

敦煌壁画灿烂辉煌

经过北朝和隋两代长期的艺术积累，加上唐代政治、经济、文化的相

◎乐舞供养和佛传壁画。克孜尔第76窟主室西侧壁。

对繁荣和帝王旨在发挥宗教的政治功效而实行的比较开放的宗教政策，这一时期，敦煌石窟的建造进入了繁盛期，壁画艺术也大放异彩，呈现出灿烂辉煌的局面。

唐王朝采取了种种长治久安的政策，不仅使国力达到鼎盛，也促进了民族团结和国内外经济文化交流，经济强盛且实行兼容并包的文化和宗教政策，使得唐代各种宗教都得以充分地发展。佛教在唐代达到鼎盛，形成了各种宗教宗派，教理、教义有重大创造和飞跃发展，求法、译述和宗教活动空前活跃，因而敦煌石窟的开凿和营建也进入了鼎盛时期。初盛时期，共建造石窟124座，遍布其中的极乐世界图反映了这时强大而统一的多民族国家经济繁荣、文化昌盛、朝气蓬勃的时代精神。

◎初唐敦煌飞天壁画。这是与龛内主尊相配合的一对飞天。

唐代敦煌石窟壁画艺术风格不断发生着变化。初唐石窟壁画还十分明

◎盛唐敦煌壁画《观无量寿经变》。鸟瞰透视，构图层次有序。

显地承袭了隋大业画风。人物造型方正圆润，肩部丰腴微削，腰肢稍稍扭曲，菩萨、佛弟子都显得风姿挺然，在端严的形象中已出现了一些轻微的动态。如203窟《维摩诘经变》中的天女、401窟北壁下的“供养菩萨”，都是唐初造型的代表，其飞天生动、灵活，两肩飞出的飘带大多离身体不远，逐步在向长曳飘扬的形式发展。

贞观十九年（645年）玄奘取经返回长安，受到唐太宗李世民的礼遇，掀起了唐代的第一次佛教高潮。原来比较简单的敦煌“说法图”受到中原艺术的影响而出现了实景实物的“净土变”，从71窟以人物为主的小净土场面到220窟结构宏伟、富丽非凡的大构图，是这一时期大型经变壁画巨大成就的代表作。

武周时期，佛教再次达到高潮。武则天曾利用僧人伪撰佛经，假托释迦牟尼授记，为其制造了当皇帝的“呈符命”，敦煌佛事也异常繁盛，这时的经变壁画在造型和构图上已经发生了很大的变化。人物造型与群体关系更为协调，姿态也更为生动，构制阔大、色彩华丽是这时的主格调。

在政治、经济、文化等因素的共同影响下，唐代敦煌壁画艺术创造出灿烂辉煌的成就，是我国艺术史上的宝贵财富。

逸闻趣事

李白与杜甫把酒论文

天宝三载（744年）春，李白离开长安，再度开始了他的漫游生活。“一朝去京国，十载客梁园。”此后11 年内，李白继续在黄河、长江中下游地区漫游，“浪迹天下，以诗酒自适”（刘全白《唐故翰林学士李君碣记》）。

此前李白虽在长安遭受挫折，心情苦闷，但仍关心时事，希望重获朝廷重用。

从离京漫游到安史之乱爆发这一时期，李白的代表作品有：《梦游天姥吟留别》、《战城南》、《答王十二寒夜独酌有怀》、《古风·羽檄流星》、《将进酒》、《北风行》、《远别离》和《宣州谢朓楼饯别校书叔云》等。这些诗歌表现了诗人对权奸当道、国运濒危的忧虑，以及迫切要求建功立业、为国效劳却不羡荣华富贵的政治抱负，诗情更为浓烈，诗风更为豪放。

李白离开长安的同年，在洛阳遇见杜甫。二人同游梁园（开封）、济南等地，携手共探胜景，把酒畅论诗文，亲密无间，结下了深厚的友谊。次年秋，二人分手，此后再没有相见。对于此段友情，两人都写了感情深挚的怀念诗篇。如杜甫的“醉眠秋共被，携手日同行”，又有“何时一樽酒，重与细论文”。

◎五代周文矩《文苑图》。此图绘四文士相聚吟诵属文之状，依稀可见唐代文人雅集的情景。

南诏统一六诏

唐代居住在今云南省的乌蛮人皮罗阁以西洱河为基地，以乌蛮奴隶主为核心，联合白蛮等其他少数民族奴隶主，建立了附属于唐的少数民族地方政权南诏国。

隋至唐初，滇池地区居住着白蛮，西洱河地区主要居住着河蛮和乌蛮的蒙姓部落。经过长期的融合和发展，逐渐形成了六个以乌蛮奴隶主为首的政权，称为“六诏”。六诏之间互有联姻，兵力大致相等，彼此间互有争斗。

713年，唐玄宗封皮罗阁为台登郡王。737年，皮罗阁在唐支持下战胜河蛮。738年，唐封皮罗阁为云南王，赐名蒙归义。739年，皮罗阁徙居大和城（今大理县），定之为国都，相继建立了各种制度，建立了南诏政权。

南诏建立的是一个奴隶制政权。南诏在政治上有较为完整的制度，大抵仿效唐朝。王位继承后，需经唐封。南诏政权对其管地内各族人民实行军事统治。

南诏统治中心区域的农业、手工业很发达，商业也很繁荣，畜牧业亦相当发达。

南诏通行汉文，许多石碑、钟铭、佛经和大量砖瓦均用汉文书写。建筑、雕刻水平也很高。

南诏是在唐政府的扶持下建国的，立国后就接受了唐的册封，确立

◎奏乐陶俑。唐天宝八年（749年），南诏王阁罗凤之子凤伽异由长安回南诏，带回胡部龟兹乐两部。此图正是南诏国演奏胡乐的艺术再现。着左衽传统胡服、脚穿胡靴的奏乐者共8人。

了对唐的藩属关系。这反映了南诏在政治、经济、文化等方面与中原汉族有密不可分的关系。

除建国初期的友好关系外，南诏与唐的关系大体上可分为三个时期：（1）750～779年，南诏与唐兵戎相见，附吐蕃反唐；（2）780～828年，南诏与唐重归于好，经济、文化获得迅猛发展；（3）829～902年，以和为主，和、战相替。

西突厥降唐·东突厥势衰

天宝元年（742年）八月，西突厥发生内乱，大部分将领率军投降唐军；东突厥遭到唐军围攻，国势衰弱。

东、西突厥是北方威胁唐朝边陲的重要力量，一直被唐朝统治者引为大患。开元二十六年（738年），西突厥突骑施莫贺达干部杀死可汗苏禄，都摩度部立苏禄之子骨啜为吐火仙可汗，和莫贺达干部对抗，突骑施部从此陷入内乱中。开元二十七年（739年）八月，唐朝碛西节度使盖嘉运攻占碎叶城，擒获突骑施可汗吐火仙。九月，处木昆、鼠尼施、弓月等部脱离突骑施，投降唐军。

开元二十八年（740年）四月，突骑施部都摩度降唐，六月，朝廷册封他为三姓叶护；十一月，任命莫贺达干为突骑施可汗。至此，西突厥已大部分投降。

与此同时，东突厥内部也发生了矛盾。可汗常常任用亲属分掌东、西兵马，称为左杀、右杀。登利可汗左、右杀是他的两位从叔。开元二十九年（741年），登利可汗怕两叔专权夺位，诱杀了右杀，自己统领右杀兵马。左杀判厥特勒起兵反抗，另立可汗，不久被杀，骨咄叶护自立可汗。

东突厥内乱之后，唐玄宗派左羽林将军孙老奴招回纥、葛逻禄、拔悉密等部落，联合攻打东突厥。天宝元年（742年）八月，三部同时出击，杀死骨咄叶护，推举拔悉密酋长担任可汗。

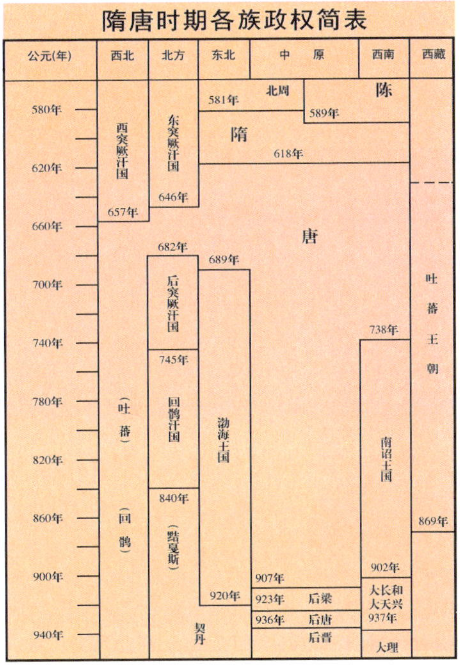

◎隋唐时期各族政权简表

突厥其他部落立判厥特勒之子为乌苏米施可汗，唐玄宗派使者晓谕他依附唐朝，乌苏不从。朔方节度使王忠嗣派大军联合回纥等三部共同出击。乌苏兵败远逃，王忠嗣出兵消灭了乌苏右厢兵马。不久，东突厥众多支系首领率部众先后投降唐军。东突厥从此一蹶不振。

九月，玄宗在花萼楼宴请突厥投降将领，赏赐丰厚。从此，东西突厥对唐的威胁大大减轻。天宝三载（744年），东突厥为回纥所灭。

◎唐胡俑头像

◎唐猎骑胡俑

胡人控制兵权

唐朝兴盛以来，边关将帅都任用忠厚名臣，功名显著者常能入朝做宰相。

奸臣李林甫任宰相以后，为了专宠固位，杜绝由边将入相的途径，竭力主张任用少数民族将领为边帅。因为他认为胡人不识汉字，不懂中原礼仪，不能担任宰相要职。

最早被任用的胡人边将是安禄山。开元二十九年（741年），安禄山任营州（今辽宁朝阳）都督，并任四府经略使；第二年，平卢设置节度后，安禄山兼任平卢节度使；天宝六载（747年），他又任范阳（今北京）、平卢节度使兼御史大夫；天宝九载（750年）被赐山东平郡王爵，并兼河北道采访处置使。至此，他一人掌握了大量兵权。

天宝六载（747年），因为平定小勃律有功，玄宗任命胡人高仙芝为安西四镇节度使。同年，河西、陇右节度使王忠嗣重用英勇善战的胡人将领哥舒翰、李光弼。

天宝八载（749年），王忠嗣因忤逆玄宗被贬，哥舒翰接任陇右节度使，安思顺接任河西节度使。

天宝九载（750年），朔方节度使张齐丘因克扣士卒军粮被贬，河西节度使胡人安思顺兼任朔方节度使。

至此，胡人安禄山、高仙芝、哥舒翰、安思顺等几乎把持了边关军权。天下精兵集中于北疆，外重里轻，后安禄山借机叛乱，唐朝由盛转衰。

鉴真东渡日本

鉴真和尚（688～763年），扬州江阳人，俗姓淳于，14岁出家为僧。他到过东都洛阳和长安，跟随高僧受中宗礼聘，为中宗解经，并在洛阳、长安讲道。

天宝元年（742年），在中国已有10年的日本高僧荣睿、普照等从洛阳至扬州，访谒鉴真，恭请鉴真东渡日本传戒弘法。从天宝二年到（743年）天宝九载（750年），鉴真先后5次东渡或准备东渡，都因种种原因而失败。

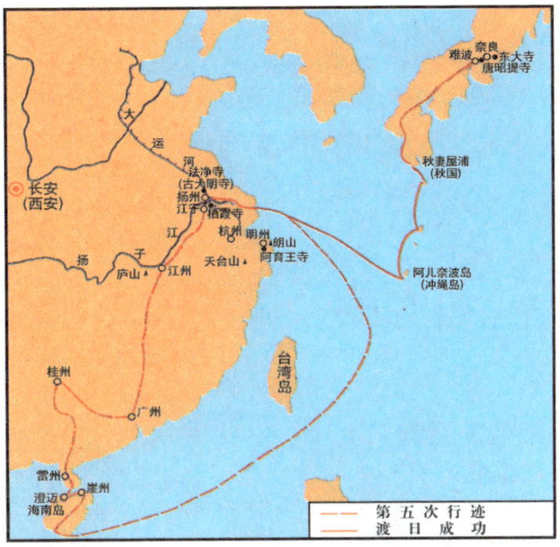

◎鉴真东渡成功路线图。鉴真先后5次东渡或准备东渡，均因各种原因失败，第六次终于成功。

◎鉴真坐像。鉴真弟子忍基等人按其真容制作。此像至今供奉在唐招提寺开山堂内，被视为日本的国宝。

第六次东渡时，鉴真一行由扬州出发到苏州，在苏州改乘遣唐副使大伴古麻吕船东渡。天宝十二年（753年）十二月，鉴真抵达日本，受到隆重欢迎。鉴真到日本后，于次年四月为圣武天皇等授戒。天宝十四载（755年），又在东大寺坛院授具足戒。同

◎日本《东征绘传》中描写鉴真和尚准备登船的情景。

年，日本建唐禅院，使鉴真居之。圣武天皇死后，日本以供御大米、盐供奉鉴真。代宗广德元年（763年）五月，鉴真圆寂于招提寺。

鉴真东渡，不仅对日本佛教，而且对日本的医药、建筑、雕塑诸方面都产生重要影响，为中日文化交流史上的重要事件。

唐人口到达顶峰

唐天宝十三年（754年），唐代人口达到最盛时期。

当年，根据户部的统计数字，唐朝有321个郡，1538个县，16829个乡，9069154户人家，人口达52880488之多。户数和人口数都达到了前所未有的顶峰。户口的极盛是和当时的政治、经济分不开的。当时的唐朝虽是

◎唐女立俑

奸佞当道，然而国力尚盛，外族只有进奉，不敢轻言入侵。太平盛世，百姓安居乐业，人口数量达到顶峰也就不足为怪了。

破墨山水出现

山水画在魏晋南北朝时期出现以后，历经变迁，在晚唐时期，破墨山水出现。作为中国山水画的一种墨法，破墨山水显然与青绿山水大相异趣。破墨是将墨色分破为多种程度的浓淡，使之相互掩映，以求墨彩的生

动，常用的大致有浓墨破淡墨和淡墨破浓墨两种基本方式。

破墨山水表现的内容和题材以树、石近景为主体，具有代表性的画家当数张璪和韦偃。

张璪，字文通，吴郡（今江苏省苏州市）人，活动于8世纪中后期。他善画水墨山水，尤其精熟松、石，传说他能双手分别执笔，同时画出生枝和枯枝，在同一画幅里呈现荣枯不同的形象。

韦偃，京兆（今陕西省西安市）人，出身于绘画世家，能以极其概括的笔墨手法表现马的腾倚，或惊或止、或走或起的不同姿态，尤其擅长画成群的小马，达到了宛然如真、曲尽其妙的境地。

张璪、韦偃以水墨浓淡来表现自然界风云树石，不求形似、色似，不追求外表的逼真、细密，而求其神韵，对后世山水画在表现风云涌动之状、山石突兀之象时呈现一种苍茫之感，影响极为深远，并直接开启了宋元山水画和写意画的新气象。

◎敦煌唐代壁画山水（局部）

逸闻趣事

《霓裳羽衣》乐舞成

唐代，中国古代所有艺术门类都得到了长足的发展，音乐和舞蹈同样如此，而最能代表唐代在这方面成就的是大型表演性舞蹈作品《霓裳羽衣》乐舞。

据传，唐玄宗中秋月夜梦游仙界，在月宫听到袅袅的仙乐，十分动人，回来后只记得一半，正在这时，西凉都督杨敬述进献《婆罗门》曲，与唐玄宗所梦仙乐声调相符，于是以月中之曲作为整个乐舞大曲开始的序曲“散序”，而后者作为主体，谱成《霓裳羽衣法曲》。这支舞曲吸收了传统“清商乐”的艺术传统，融合了西域歌舞的形式，将音乐、舞蹈、诗歌三者结合成一部大型套曲。

其舞蹈除采用传统的优美舞姿“小垂手”等外，还大量糅合西域胡旋舞的精彩旋转技巧，包括独舞、双人舞，以及多达数百人的大型群舞。据传，杨贵妃曾两次为唐明皇独自表演《霓裳羽衣》舞，白居易曾写诗描述他于元和年间在宫廷观看的双人舞《霓裳羽衣》舞的情景。舞曲以一个快节奏后的停顿戛然而止，飞舞的鸾凤立即收起翅翼，舞曲在鹤鸣般的长引声中结束，这是一种创造性的新手法。《霓裳羽衣》乐舞是一部艺术性强、技术水平高的大型表演性舞蹈作品，是唐代舞蹈的代表作。

◎唐三彩女立俑（局部）

逸闻趣事

杨贵妃一门尽显贵

天宝四载（745年）八月，唐玄宗册封杨玉环为贵妃，从此恩宠10 余年，杨门也得以显贵。杨贵妃（719 ~756年），蒲州永乐（今山西永济）人，小字玉环，从小丧父，在叔父家长大，后来入选寿王府，被封为寿王妃。

开元二十五年（737年），玄宗宠妃武惠妃去世，后宫数千人再没有能使玄宗满意者。于是有人推荐寿王妃。玄宗一见钟情，便授意她出家做女道士，号太真，又替寿王另娶一妃，不久将太真悄悄接入宫中。

太真精通音律，擅长歌舞，而且聪慧敏捷，善解人意，深得玄宗宠爱。贵妃受宠时，乘马时由宦官高力士执辔授鞭，有专职的700 名织绣工人为她制衣，中外都对她趋炎附势，争献器物服饰珍宝。贵妃爱吃鲜荔枝，玄宗便每年命岭南驰驿送到长安，保持色味如新。贵妃两次忤旨被遣送回家，玄宗都心神不定、食睡不安，接回宫后宠爱更深。

玄宗因宠爱贵妃，对杨家一门也大加青睐。他追赠玉环之父杨玄琰为兵部尚书；提升其叔父杨玄珪为光禄卿；任命其宗族兄弟杨铦为殿中少监、杨锜为驸马都尉；贵妃有三姊，玄宗分别封3人为韩国夫人、虢国夫人、秦国夫人，称呼她们为姨，任她们自由出入宫廷，入宫时连玉真公主等也要礼让三分。3国夫人与杨铦、杨锜等5家权重势高，不可一世，5家竞建宅第，奢华至极，耗资无数。

杨钊（后改名国忠）是贵妃从祖兄，因为不学无术而为家族所鄙视，只好到蜀中参军。贵妃得宠后，他昼夜兼程赶到长安拜访杨家姊妹，并赠送大批蜀中特产。结果不仅他自己得到高官厚禄，还能随意提携交好之人。杨国忠后来权倾朝野，祸国殃民数年。

自从太真被封贵妃后，杨氏家族备受恩宠，声震天下，四方都来献物拜见，门庭若市。民间流传道："生男勿喜女勿悲，愿君看女作门楣。"

◎五代周文矩《太真上马图》（局部）。杨贵妃足踏一小凳，在众人扶持下正欲上马，她成为全图的中心人物。

安禄山势力膨胀谋反叛

天宝七年（748年），安禄山获李隆基所赐宝封，两年后又任东平郡兼河北节度使，又一年，一身兼任三地节度使，傲视地方，不可一世。此时唐盛已久，国人早已忘战；而朝廷之内，李隆基年寿已高，围着杨贵妃团团转；李林甫当道，纲纪大乱。他们似乎都没意识到，一场阴险的谋反正在步步逼近。

天宝十二年（753年），杨国忠任宰相，安禄山蔑视地公开对众人说："就凭那个老家伙也配当宰相！"杨国忠闻言，怒火冲天，却不向外声张，两人暗地里扳起了手腕。

安禄山对偌大一个内质正变的唐朝早已虎视眈眈。在军事上，他豢养了同罗、奚、契丹等战俘8000余人，还有百余骁勇善战的家僮；经济上，由于可自铸铜钱，财源早已滚滚，同时又派遣手下胡人四处行商，每年获利数以百万计；另外，又招高尚、史思明等人作心腹部将，随时准备举兵进攻了。

◎骑马胡俑

天宝十三年（754年）正月，杨国忠借机向唐玄宗说安禄山坏话："陛下，安禄山这人杀气腾腾，必有谋反之意，不可不大力治罪。"玄宗正被杨贵妃的"妃子一笑"弄得神魂颠倒，哪里听得进去。杨国忠只得又说："陛下若不信，可召安禄山入朝，他必定心中有鬼而不敢来！"玄宗将信将疑，便依言下诏，怎知安禄山心里的"鬼"比天还大，二话没说，立即到殿，拜倒在玄宗面前哭着说："我是胡人，为杨宰相所看不起，我距离死的日子大概不远了！"眼泪骗过了玄宗。自此之后，玄宗更加信任安禄山，尽管太子等人亦说安有谋反之意，玄宗却一点也听不进了。

玄宗不断加封安禄山为左仆射、闲厩、陇右群牧等职，安一时成为殿前红人，益发得意。754年二月，安禄山要求玄宗破格赏赐其手下部分将士，玄宗亦许。安禄山借玄宗之手收得了将心，打好了造反的根基。

唐玄宗声色犬马，杨国忠腐败执政，老百姓惯于太平，貌似平静的社会表层下已经隐藏着一触即发的危机了。

安史之乱爆发

天宝十四年（755年）四月，杨国忠派兵包围安禄山在京住宅，捕杀其在京门客，以促使安禄山谋反之意暴露。同月，安禄山发所部兵及同罗、奚、契丹、室韦兵，计15万，号称20万，反于范阳。安禄山大阅誓众，并在军中传令：有异议煽动军人者，斩及三族。然后引军向南。安禄山叛军步骑精锐，烟尘千里，鼓噪震地。

由于承平日久，百姓不谈兵革，骤闻范阳起兵，大家都极为震骇。

唐玄宗急召朝臣计议，安排各节度使募兵抗敌，阻遏叛军。又以荣王琬为元帅，高仙芝为副元帅，出内府钱帛，于京师募兵11万，号天武军，东征安禄山。

天宝十五年（756年）正月初一，安禄山在洛阳称帝。同年，唐军于潼关惨败。

756年八月，安禄山兵至长安，大掠3个月。玄宗逃离长安，安禄山便派遣大将孙孝哲率兵入长安。

同年，太子李亨在灵州自行登基，是为唐肃宗。

叛军进入长安后，京畿豪杰之士常常杀安禄山官吏，遥应唐军；诛

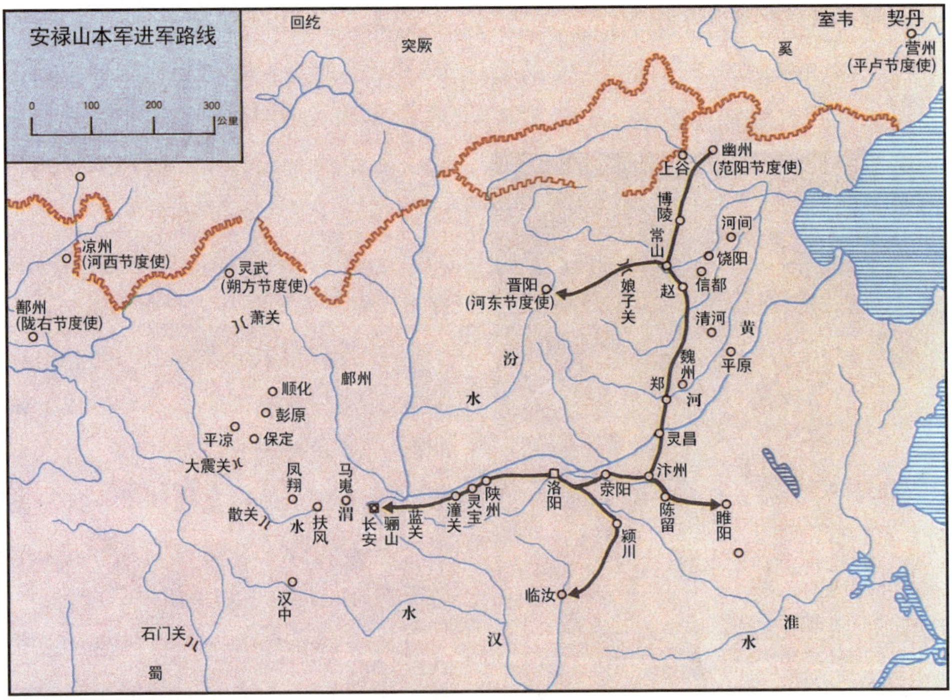

◎安禄山叛军进军路线图

而复起，相继不绝。叛军遭逢各方抵抗，势力所及，南不出武关，北不过云阳，西不过武功，败相已露。

唐肃宗至德二年（757年），安禄山被儿子及亲信杀死。叛军势力更为衰颓。

◎唐李昭道《明皇幸蜀图》。绢本，青绿设色。此图画安史之乱明皇避难入蜀的题材，时代特征明显。

逸闻趣事

杨贵妃殒命马嵬坡

玄宗与随从逃至马嵬驿（今陕西兴平西），禁军将士因饥饿疲劳，皆愤怒。军士杀死杨国忠，并杀其子户部侍郎杨暄及韩国、秦国夫人。

士卒们包围驿站，玄宗听见喧哗之声，询问何事，左右人说是杨国忠反。玄宗便杖屦出驿门，慰劳军士，令整队，军士不答应。

玄宗又使高力士问之，回答说："国忠谋反被诛，贵妃不宜供奉，希望陛下割恩正法。"玄宗说："我自会处置。"入门后，倚仗倾首而立。过了一会儿，京兆司录韦谔上前进言说："现在众怒难犯，危在旦夕，愿陛下速决。"并叩头至流血。玄宗说："贵妃常居深宫中，怎么能知国忠谋反之事呢？"高力士回答说："贵妃是无罪，但禁军将士已杀国忠，贵妃在陛下左右，将士心不自安，愿陛下三思，禁军将士安则陛下安。"于是玄宗命高力士引贵妃至佛堂，缢杀之，将尸体置于驿庭。

马嵬驿之变后，李隆基欲再西行，父老拦路请留。李隆基遂分后军3000人给太子，令太子破逆贼，复长安。此后，太子北进至灵武（今宁夏灵武西南），李隆基南入成都。

◎唐明皇幸蜀闻铃处。在梓潼县20 公里处，有一上亭铺古驿站。唐玄宗离京后，在此暂停，夜半忽闻铃声叮当，以为追兵又至，大惊而起。后来发现"叮当"之声是檐下铜铃在风中作响，才知是一场虚惊。

回纥兵助唐收复长安

至德二年（757年）九月，朔方军与回纥、西域军大破叛军，收复长安。

李亨（肃宗）即位后，派敦煌王承采与仆固怀恩出使回纥修好请兵。及至回纥牙帐，可汗以女嫁承采，遣首领来朝，请和亲。十一月，回纥可汗派其臣葛逻支率兵入援。

同月，俶率朔方等军与回纥、西域之众15万，号20万讨叛军。朔方军与叛军10战不下，而叛军伏精骑欲袭官军之后。仆固怀恩乃引回纥尽灭其伏兵。唐将李嗣业又与回纥出叛军阵后，与朔方等军前后夹击，叛军大溃，余众逃入城中，当夜，守将安守忠、李归仁等皆遁，唐军遂复西京。

至德二年（757年）十月十九日，肃宗自凤翔起驾，并遣太子太师韦见素入蜀，奉迎玄宗。十月二十二日，肃宗至望贤宫（今陕西咸阳东），得唐军收复东京捷书。十月二十三日，肃宗入长安，城中百姓出国门奉迎，20里不绝，拜舞呼万岁。太庙被叛军烧毁，肃宗素服向庙哭三日。同日，玄宗从蜀郡出发回长安。

◎《回纥人牵引图》。隋唐时北方草原的主人是突厥人和回纥人。

李白醉逝·杜甫漂泊西南

安史之乱爆发后，李白怀着消灭叛乱、恢复国家统一的志愿，进入永王璘幕府，随军东下。至德二年（757年）永王叛败被杀，李白也因此被流放到夜郎（今湖南沚江），幸而中途遇赦得以东归，时年已59岁。

上元二年（761年），李白准备随李光弼追击叛军，因病中途返回。第二年他在其堂叔当涂（今属安徽）家中因饮酒过度醉逝，享年62岁。

杜甫的晚年在西南各地度过，他在诗中说自己“漂泊西南天地间”（《咏怀古迹》）。

乾元二年（759年）年底，杜甫来到成都，在亲友的帮助下于成都西郊浣花溪畔建起一座草堂，有了一个安身之所。在成都尹严武的庇护下，杜甫度过了一段安宁静谧的田园生活。

宝应二年（763年）春，延续8年的安史之乱被平定，杜甫闻讯欣喜若狂。广德二年（764年），严武回成都任职，他举荐杜甫任节度参谋等职，但杜甫不惯幕府生活，又回到草堂。

◎杜甫画像。公元770年，一生忧国忧民的现实主义大诗人杜甫病逝于旅途中。

◎《李白行吟图》。南宋梁楷作。

永泰元年（765年），严武去世，杜甫失去依靠，不得不率家人离开草堂，乘舟东下，漂泊于云安、夔州间。

大历三年（768年）正月，杜甫感到越来越虚弱，便想回河南老家。一路兵荒马乱，从江陵到长安、岳阳、潭州、衡州，他的健康状况更糟。

唐大历五年（770年），杜甫病逝，享年59岁。

中国版画形成

随着社会和各种手工业艺术的发展，隋唐时期产生了版画。中国古代版画主要以木刻版画为主，少数为铜版刻，个别还有套色漏印。版画的制作，由于是经过刀在板上镌刻，具有独特的刀味和木味，其线条和艺术形象都不同于一般的手描画稿。

中国版画的起源，与雕版印刷术的发明和普遍应用有着极其密切的关系，中国的雕版印刷术始兴于7世纪唐贞观年间。唐代贞观之治，文治武功达到前所未有的兴盛，雕版印刷逐渐发展起来，刻书地点遍布全国各地，可考的就有京城长安、东都洛阳、益州、扬州、江西等地，尤以益州最为发达。此外，版画的形成与佛教的传播也有着不可分割的联系，玄奘以回锋纸印佛像普施四方就是一个明显的例子。

唐代中国版画的形成，为后期宋、元、明、清时期的繁荣打下了深厚的基础，至16世纪明代的万历年间，已达高峰状态，至明天启、崇祯，清康熙、乾隆、嘉庆年间，一直兴盛不衰。这期间出现了版画的各种流派，并创作出大量优秀作品，成为中国古代版画的辉煌时期。

◎敦煌吐蕃时期《反弹琵琶》。建中二年（781年），吐蕃开始管辖敦煌，后重修了敦煌壁画。

◎唐《金刚般若波罗蜜经》卷首图。这幅作品被公认为世界上有准确纪年的最早一幅版画作品。

小辞典 文化

王维山水田园诗

王维（? ~761年），字摩诘，祖籍太原祁县（今山西祁县），后随父迁居蒲州（今山西永济）。开元九年（721年）高中进士。开元二十二年（734年）张九龄为中书令时，王维被擢升为右拾遗。安史之乱爆发后，王维为叛军所俘，曾受伪职。唐军收复长安后，他被贬为太子中允，官至尚书右丞，世称王右丞。

王维晚年笃志奉佛，退朝后，隐居终南山辋川别墅，焚香禅诵。他的诗在其生前以及后世都享有盛名，史称其“名盛于开元、天宝间，豪英贵人虚左以迎，宁、薛诸王待若师友”（《新唐书》本传）。

王维一生创作了许多山水田园诗，代表了盛唐山水诗的最高成就。苏轼在《书摩诘蓝田烟雨图》中说：“味摩诘之诗，诗中有画，观摩诘之画，画中有诗。”“诗中有画”正是王维山水诗最突出的艺术特色，意即用文字的描绘来代替色彩线条，展现出具有诗意的画面，使诗情和画意达到高度统一。他的诗中较少使用“怜”、“爱”等纯主观的词语，而是再现一幅幅客观的画面，化景物为情思，使诗意透过画面自然流淌。

王维善于用清新的笔调、匀润的色彩细致入微地描绘山水田园中清灵、优美的意境。王维的创作并不仅仅着眼于形似，而是追求一种传神的艺术效果，他的诗不仅形象生动鲜明，而且善于传达出只可意会的山水精神气象。如《鹿柴》“空山不见人，但闻人语响”，以空旷的山谷中回响的人声衬托出空山的寂静，耐人寻味。

王维心境极为淡泊、虚静，所以对自然山水最神奇、最微妙的动人之处往往有种特别的会心。当他把这种领悟通过诗歌表现出来，就呈现出一种空灵清静的禅悦之境。如“木末芙蓉花，山中发红萼。涧户寂无人，纷纷开且落”（《辛夷坞》）。

◎《雪溪图》。相传为王维所作。

郭子仪屡平吐蕃

安史之乱爆发后，唐边地精锐之兵都被征发入援，边防空虚。吐蕃乘此之机，数年间蚕食了西北数十州，占据了河西、陇右等地，凤翔以西、汾州以北的广大地区都受吐蕃控制。

广德元年（763年）十月，吐蕃攻入大震关，进而谋取兰、河、鄯、洮等州。至此，河西、陇右之地全部被吐蕃占有。边将接连告急，而宦官程元振竟不将此事禀报代宗（李豫）。于是，吐蕃率领吐谷浑、党项、氐、羌等20余万人再攻陷泾州、邠州，进入奉天、武功，代宗急忙起用郭子仪往咸阳抗敌。但吐蕃大军已临近长安，代宗仓皇逃往陕州，六军溃散。吐蕃攻入长安，纵兵大掠官银、民资，焚烧房舍，长安被劫掠一空。吐蕃又立广武王承宏为帝，并改元，设置百官，以前翰林学士于可封等为相。

◎郭子仪画像。郭子仪在安史之乱爆发后，又屡平吐蕃，功盖天下。

郭子仪率30骑兵从御宿川沿山向东至商州，一路收兵，加上武关防兵共4000人，军势大振。郭子仪涕泣告谕将士共雪国耻，收复长安，节度使白孝德也率兵增援。郭子仪令士卒白天击鼓张旗，夜晚则多燃火把，为疑兵之计，吐蕃十分恐惧。长安城中百

◎宋李公麟《免胄图》。此图描绘郭子仪率数十骑免胄（徒手不着盔甲）见回纥首领大酋，大酋舍兵下马的情景。在反安史之乱的过程中，郭子仪因功成名，成为中兴名将。

姓又骗他们说："郭令公从商州率无数大军来攻城。"吐蕃于是从长安城中撤出。十二月，吐蕃攻陷松州（今四川松潘）、维州（今四川汶川西北）、保州（今四川理县北）三州及云山新筑二城，剑南西川节度使高适无力抵御，剑南西川诸州也失陷。

778年二月，吐蕃入侵灵州；四月，又骚扰灵州；七月，再次侵扰盐、庆二州；九月，吐蕃兵逼近泾州，都被郭子仪等人率军共同击破。自广德元年（763年）以后，吐蕃虽然每年频繁入侵，但因郭子仪镇守河中，指挥诸将抗击，京师得以太平。

藩镇割据局面形成

安史之乱被平定后，安史余部还保持相当大的势力。唐代宗为了求得暂时平安，将河北分封给叛将。在平叛的过程中，朝廷对内地掌兵的刺史也多加节度使称号。因此，大历十二年（777年），形成了藩镇割据的局面。

当时割据势力最大的要数成德、魏博、平卢三镇。成德镇（今河北正

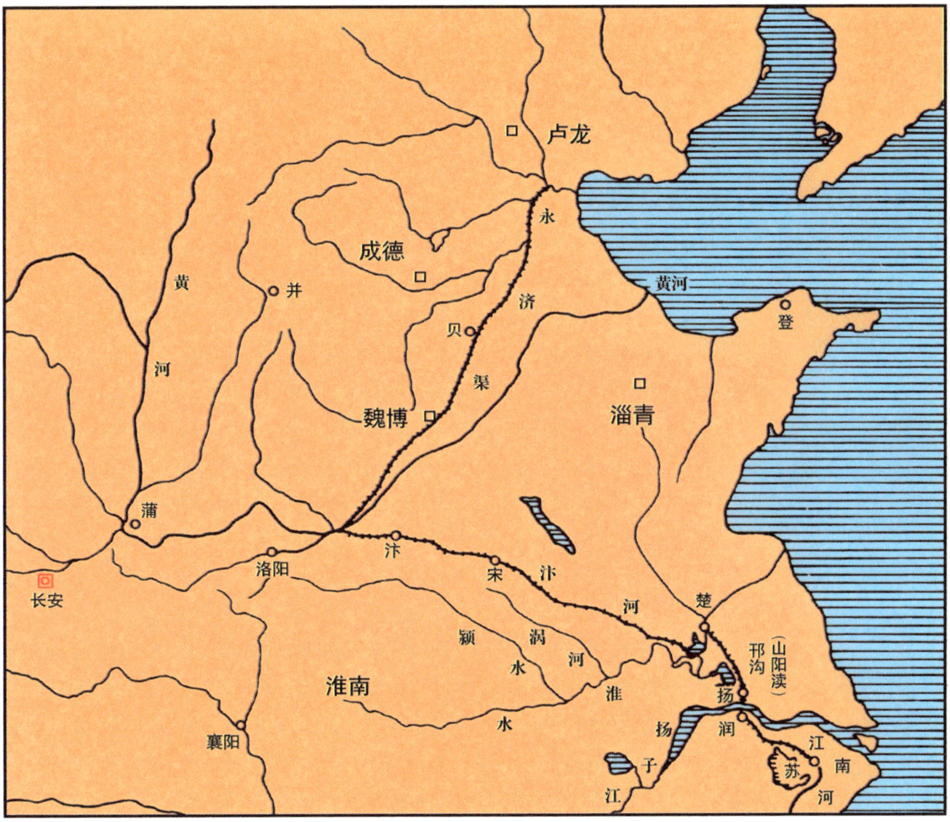

◎藩镇割据形势图。安史之乱后，唐朝逐渐形成了藩镇割据的局面，朝廷失去了对藩镇的控制。

定）自762年李宝臣开始割据以来，占有恒、定、易等7州，拥兵5万；魏博节度使田承嗣自763年开始割据，占有魏、博、卫等7州，拥兵5万；平卢节度使李正己占有淄、青等15州，拥兵10万；梁崇义占据襄、邓等6州，拥兵2万。这些藩镇相互勾结，不执行朝廷法令。他们各拥强兵，赋税不上缴朝廷，甚至节度使的职位也往往父死子继，或由部下拥立，朝廷只能事后追认，不能更改。

各藩镇的割据者对其境内百姓实行暴虐统治，重加税率。为了维护其统治，他们除拼命扩充军队外，还挑选精勇组成亲信“牙兵”，并发给丰厚供给。牙兵一方面对他们效忠，另一方面也十分骄横，只要节度使令他们稍不如意，他们就或杀或逐。藩镇在官爵、甲兵、租赋、刑杀方面都各行其道，实如异域。

这种局面一直持续到唐朝灭亡。

推行两税法

建中元年（780年）二月，新任宰相杨炎提出一套拯救唐朝统治的完整的税收方案，在唐德宗的同意下，向全国颁令：“计百姓及客户，约丁产，定等第，均率作年支两税。”这就是我国历史上自此后沿用800年之久

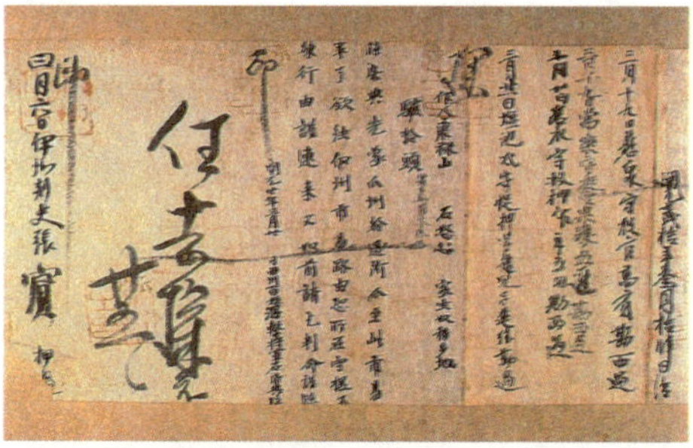

◎过所。唐代的过所，相当于今天的通行证明。过所多用作私人和商旅通过关隘的凭证。

◎商队图。盛世之下，国际交流频繁，敦煌壁画描绘往来的东西方商队，给后人留下中外商人在丝绸之路上交往通商的景象。

的两税法。

建中以前，两税的名称就已存在，是一种通称，凡分两次交税都可称为两税。杨炎改制后，两税成为专名，指夏税和秋税，成为一种适用于全国广大地区的统一的赋税制度。两税法的主要内容是：不论土户、客户，以所居地统计；纳税人不分中丁，据贫富情况划分征税数量；经常往来行商的，在所在州县交1/30的税；居民的税分夏秋两季征收。田亩税以大历十四年（779年）的土地数目为准，夏税不过六月，秋税不过十一月；废除租庸杂舶等名目，税额全部推入两税。

两税法的核心是地税和户税，是融长期实行的租庸调法而产生的新税法，它按资产而不按人丁征税，也不区分土户和客户。一些有产者得多缴纳税额，而一些失去土地的农民可不纳或少纳两税，使民户的赋税负担有所调整。

它征收的税率，各道各州不一，以大历十四年（779年）所征各种税收总额作为两税总数，层层分摊，最后确定当地人户和地亩应负担的数量。

它还简化了以前名目繁多、混乱不堪的征税办法，暂时统一了税制，扩大了征税对象，有限度地约束了官吏贪赃枉法的行为，确实达到了增加财政税收的目的。

两税法的实行暂时延缓了社会危机的总爆发，较快地渡过了财政短缺的难关，使唐王朝在安史之乱后的艰危局面中幸存下来，并在以后的一个时期内能展开与地方藩镇的激烈斗争。

宦官开始专掌军政

唐贞元八年（792年）十二月，左神策大将军柏良器左迁右领军，宦官开始专掌军政。

柏良器曾为左神策大将军。鉴于当时军队里的许多士兵是市井之徒，素质极低，于是柏良器广泛招募有才

◎泥宦俑

能、有勇气的人以代之，因而与神策监军宦官窦文场产生了矛盾。不久，碰巧柏良器妻子的族人喝醉了酒，并私自在宫中值宿人的房里过夜，违反宫中的规定而被治罪。窦文场便借这件事陷害柏良器。贞元八年（792年）十二月五日，柏良器被贬为右领军。右领军为南衙十六卫官，没有实权；而神策军是北军，掌管着保卫京城的禁兵，如此大权都落入窦文场等人手里。这件事拉开了宦官夺取军权的序幕。

接着，深受德宗宠信的成监军薛盈珍想夺取节度使姚南仲的军政大权。姚南仲不服从他的掌管，双方因而结怨。贞元十六年（800年）三月，薛盈珍谗害姚南仲的幕僚，使马总等

人被贬。盈珍又在德宗面前多次诋毁南仲，德宗半信半疑。薛盈珍再派小吏程务盈上奏诬陷南仲。牙将曹文洽得知此事后，杀掉了程务盈，自己作表为姚南仲雪冤，并写信给南仲说明情况，然后自杀。

德宗闻讯后，非常惊讶，于是，召姚南仲入朝。四月，姚南仲到了京师，向德宗陈说薛盈珍如何扰乱军政的事。但德宗竟然不处置薛盈珍，仍然让他留在朝中掌管机密。

此后，宦官的气焰更加嚣张，以致后来发展到废立天子、挟制天子以号令百官的地步。

◎三彩陶女立俑。着袒胸大袖彩襦，衫腰高至胸部，这是当时妇女喜好的一种服饰。

◎唐代女佣服饰。袒胸式短襦在唐代十分流行，甚至女佣的服装也不例外。

女子服装趋于时尚

隋唐女装富有时装性，往往由争奇的宫廷妇女服装发展到民间，纷纷效尤，又受西北民族影响而别具一格。

隋唐时期最时兴的女子衣着是襦裙，即短上衣加长裙，裙腰以绸带高系，几乎及腋下。隋统一后，上襦时兴小袖，影响所及，贵族妇女内穿大袖衣，外面再披一件小袖衣，名叫“披袄子”。讲究的用金缕蹙绣，听任小袖下垂以为美，竟成一时风尚。唐代长期穿用小袖短襦和曳地长裙，但盛唐以后，贵族妇女衣着又转向阔大拖沓，衣袖竟大过4尺，长裙拖地4～5寸，不得不用法令加以限制。

半臂，即今之“马甲”、“坎肩”，是隋唐妇女普遍喜好的一种服装。隋炀帝时，在内宫流行，唐高祖减去袖子，始称“半臂”。半臂是一种合领、对襟、无袖（或短袖）的长衣。衣长至膝，胸前结带，穿于袍衫之外。由于半臂短袖和无袖便于劳役供奉，所以在宫女中流行。半臂于唐代普及民间，成为一种常服。与半臂服装相配，唐代妇女还喜欢将一块帛巾搭在肩背上，名叫“披帛”。

短襦长裙，是隋唐妇女所追求的时尚。一般是裙腰高到胸部，半袒露胸部，裙长拖地。裙色以红、紫、黄、绿为多，红色最为流行。唐代妇女以裙长为美，但作为宫服，对其长度等有所规定。唐代妇女做裙，以幅多为佳，一般是6幅，有多至七八幅者，这不但奢侈，而且穿上后行动不便，所以出现了改革的举措限制幅度和长度。

唐人善于融合西北少数民族和天竺、波斯等外来文化，这在妇女服装上有明显的反映。唐贞观至开元年间（627～741年）十分流行胡服新装，部分发髻上耸如俊鹘展翅，脸上无例外地用黄色星点点额，颊边画二月牙，或在嘴角酒窝间加两小点胭脂。

文化小辞典

周昉仕女画

周昉是以表现贵族妇女著称的画家。周昉生卒年不详，出身贵族，字景玄，又字仲郎，京兆（陕西省西安市）人。关于周昉，见于记录的最早活动时间是766～779年间，最后活动时间是785～804年间。

他的仕女画具有用笔秀润匀细、衣裳劲简、色彩柔丽、人物体态丰厚的特点。由于他生活在唐朝经过安史之乱后由盛而衰、社会矛盾日渐尖锐的时候，所以他笔下的妇女已不是一团欢愉之气。人物虽然装饰得花团锦簇，但掩饰不住内心的寂寞和空虚，仿佛沉湎在一种百无聊赖的心态中，茫然若失，动作迟缓。

他的传世仕女图著名的有《纨扇仕女图》、《簪花仕女图》，线条秀劲细丽，铺排穿插工整有致，竭其骨法用笔的传神写貌之能事，赋色柔丽多姿。结构井然，布势合度，或坐或立，或正或侧，或聚或散，均经过悉心推敲。

《纨扇仕女图》对于了解周昉仕女画的内在意蕴具有重要意义，画家通过妇女丰肥秾丽的仪态，刻画了不同人物的性格与情思。宫廷妇女秀丽的外表透露出内在的悲寂心绪，绚丽的画面掩饰不住透过纸背的空虚和无奈。

周昉有“画仕女，为古今冠绝”的美誉。他的画风在后代仕女画尤其是工笔重彩仕女画作品中得以发扬。供职南唐画院的画家，大都仿效周昉风格，以描绘宫苑人物见胜。

◎唐周昉《簪花仕女图》（部分）。绢本设色。笔法劲简，用色柔丽。人物丰颊厚体，打扮艳丽入时。

颜真卿书法登峰造极

唐代书法可称中国书法艺术发展史上的顶峰，颜真卿是其中最具成就的杰出代表。颜氏书法堪称登峰造极。

颜真卿（709～785年），字清臣，京兆万年（今陕西西安）人，祖籍琅琊临沂（今山东临沂）。开元进士，任殿中侍御史。为人刚正不阿，被杨国忠排斥，出为平原（今属山东）太守。历官至吏部尚书、太子太师，封鲁郡公，人称“颜鲁公”。颜氏自幼勤奋好学，颇具文学才华，后人辑有《颜鲁公文集》。

颜真卿书法早年受家庭和外祖家殷氏影响。初学褚遂良，后师事张旭，深得张氏书法之精髓。他又广学

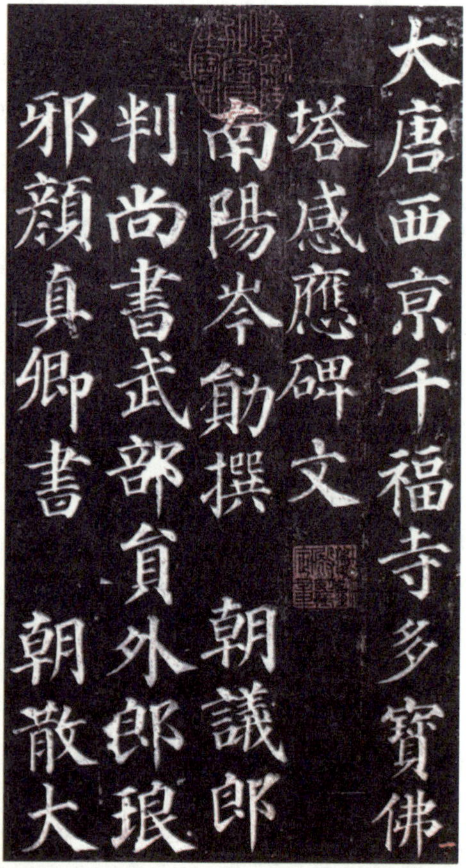

◎颜真卿《多宝塔感应碑》。颜氏书法自成一体，雄伟刚劲，气势磅礴，世称“颜体”。

博引，从历代名家蔡邕、王羲之、王献之等书法作品中汲取养分，勤学苦练，融会贯通，创造了出类拔萃、雄伟刚劲、气势磅礴的独特风格，自成一体，被称为“颜体”，终成书法大家。他的楷书端庄雄伟、气势开张。《颜氏家庙碑》与1922年出土的《颜勤礼碑》书法筋力丰厚，雄迈严整，为其晚年代表作品。

颜真卿书法集古今之大成，在中国书法发展史上起到了承上启下的作用，是中国书法艺术的瑰宝，在中国书法发展史上具有里程碑式的意义。

陆羽著《茶经》

陆羽，字鸿渐，又一名疾，字季疵，自称桑苎翁，又号竟陵子、东冈子、东园先生，晚年更号广宵翁，复州竟陵（今湖北天门）人。

唐代，中国的饮茶风尚遍及全国，茶叶成为主要商品之一，陆羽年轻时遍历长江中、下游和淮河流域各地，考察并收集大量有关茶叶生产和其他茶事的资料，在此基础上形成有关《茶经》的最初雏形。

《茶经》系统地总结了唐代以前中国种茶、制茶和饮茶的经验以及他本人的体会，全书分上、中、下三卷，计10篇，7000余字。10篇分别为“一之源”，论述茶的起源；“二之具”记述采、制茶的用具；“三之造”是说茶叶种类和采制方法；“四之器”介绍茶之饮、饮茶的器皿以及中国瓷窑产品的劣势；“五之煮”陈述煮茶方法和水质的品位；“六之饮”记载饮茶风俗和品茶、饮茶之法；“七之事”汇集历史上有关茶的典故、传说以及药效；“八之出”列举了当时中国名茶产地及所产茶叶的

◎《茶经》书影。《茶经》是世界上第一部关于茶的专著。

◎唐鎏金银茶具一套。为唐皇室御用真品，系列配套、质地精良，反映了唐宫廷茶道繁荣奢华的特点。

优劣；“九之略”指出在特殊条件下某些器皿可以省略；“十之图”要求将《茶经》书于绢帛并张挂之。当时茶叶的著名产地大多分布在长江流域及其以南地区，从《茶经》中我们可以看出唐代南方已有很高的茶树种植生产水平。

《茶经》是世界上第一部关于茶的专著。《茶经》的出现，不仅对中国，而且在世界茶学发展史上都具有划时代的意义。

韩愈主张文以载道

韩愈（768～824年），即韩文公，唐代文学家、哲学家，河阳（今河南孟县）人。他自幼研究古训，关心政治；25岁登进士第，29岁步入仕途。在监察御史任上时，他因关中旱饥，上疏指斥朝政，请减免赋税徭役，被贬为阳山令；在刑部侍郎任上，又因谏迎佛骨被贬为潮州刺史；后历任国子祭酒、京兆尹及兵部、吏部侍郎。

◎韩愈画像。韩愈主张文以载道，不仅在散文方面卓有成就，在诗坛上也独树一帜。

韩愈一生政治上有作为，文学上成就更大。他思想上推崇儒家孔孟之道，倡导了唐代古文运动，提出了以“文以载道”为核心的一整套文学主张，并身体力行创作了大量诗文，名列“唐宋八大家”之首。

古文运动的出现有着深刻复杂的社会背景，而直接原因则是因为六朝以来“饰其辞而遗其意”的骈文已经不能满足士人们宣扬儒学、表达政见的需要。于是韩愈发起了这场文体革新运动，在形式上反对骈文的僵化和雕琢，在思想内容上也与骈文的空洞浮泛背道而驰。

围绕“文以载道”这一核心，韩愈阐发了一系列文学观点。他强调作家的修养，重视文章的社会现实性。在文章的表现方法上，韩愈也提出了具体要求，主张学古文应“师其志，不师其辞”，号召在继承传统的基础上加以革新创造，反对因袭模仿；在语言方面则要求“唯陈言之务去”、“文从字顺各识其取”。

韩愈不仅以其文学主张指导当时

的文体改革，而且付诸个人的创作实践，他的散文在思想性和艺术性方面都有很高成就。

韩愈是司马迁之后伟大的散文大师之一，有“文起八代之衰”（苏轼《潮州韩文公庙碑》）的功绩。他不仅为散文创作奠定了理论基础，而且在创作实践上树立了典范，开创了内容充实，去尽陈言俗套、随自然语势自由抒写的一代新文风。

小文化辞典

乐山大佛

唐德宗贞元十九年（803年），乐山大佛造成。它是世界上现存尺度最大的石刻坐佛像。

乐山大佛位于今四川省乐山市东面岷江、青衣江、大渡河三水交汇处的栖鸾峰下，依凌云山山崖开凿而成。唐玄宗开元元年（713年），由贵州籍名僧海通募款动工，海通逝世后，由剑南四川节度使韦皋舍俸钱50万继续兴建，历时90年完工。

乐山大佛是弥勒坐像，坐东向西，螺状发纹，面相端庄，身躯比例适度；衣饰流畅，两手覆膝，双足踏在莲花山上。全身通高70.8米，肩宽24米。其中头高14.7米，头宽10米，耳长7米，眼长3.3米，眉长3.7米，鼻长5.6米，嘴长3.3米，颈高3米，手指长8.3米，脚背宽8.5米。大佛依山傍水，气势恢宏。完工时的弥勒坐像全身彩绘，上盖有宽60米的7层13檐楼阁。此阁唐称大佛阁或大像阁，宋易名天宁阁或凌云阁，元末毁于战火，再未重建。

和大佛一起开凿的还有在大佛右侧石壁上自上而下凿出的一条险峻栈道，栈道九折而下。置身其上，令人惊心动魄。栈道侧面，原有数百龛造像，多残缺不全，现保存较完整的有两个龛，其中一龛是“西方极乐图”，雕刻精细，造型生动。

乐山大佛高大无比，在极远处，人们便可见其隐没在云山雾海之中。它可远眺峨眉山，近瞰乐山市，作为世界上现存最大一尊摩崖石像，它拥有“山是一尊佛，佛是一座山”之美誉。乐山大佛充分体现了我国古代劳动人民高超的佛雕艺术。

◎唐代四川安岳千佛寨第56号窟左壁观音菩萨

◎唐代四川广元千佛崖洞主佛

逸闻趣事

元稹撰《莺莺传》自曝负心事

贞元二十年（804年），诗人元稹（779～831年）创作传奇爱情小说《莺莺传》。

《莺莺传》，亦称《会真记》，写张生与崔莺莺相恋并私定终身，后又将她遗弃的悲剧故事。元稹年轻时期曾有过类似张生那样一段经历，后人大多认为张生的原型就是元稹本人。但在小说中，张生其实是一个玩弄女性而毫无羞耻心的封建文人。

小说文笔优美，刻画细致，成功地塑造了女主人公崔莺莺的形象。崔莺莺出身高门，虽有强烈的爱情渴望，却只能深藏于心底。她主动约会张生，张生来后，她却又“端服严容”，正言厉色斥责张生的“非礼之动”。数日之后，她却又忽然大胆地自动乘夜至张生住处幽会。

小说中，男主人公张生对莺莺始乱终弃，作者为他卑劣无耻的行径辩解开脱，借其口大骂莺莺为“妖孽”、“不妖其身，必妖于人”。又从封建道德规范出发，称赞张生为“善补过者”。这些都影响了小说人物形象的前后一致性，造成了主题思想的矛盾。鲁迅评：“篇末文过饰非，遂堕恶趣。”（《中国小说史略》）。但作品的客观艺术效果却使人不禁要同情莺莺的遭遇，而谴责张生的负心行为。

《莺莺传》写的是“才子佳人”的恋爱，深受文人喜爱，故事流传极广。宋以来有许多作品由它演变而来，较有名的有：宋代赵令畤的鼓子词《商调蝶恋花》，金代董解元的《西厢记诸宫调》，元代王实甫的杂剧《西厢记》，明代李日华、陆采各作有《南西厢记》等等。如今，《西厢记》已成为中国许多传统剧种的传统剧目，家喻户晓。

◎元稹像。元稹既是诗人，又是小说家，所作《莺莺传》为《西厢记》的故事所取材。

柜坊和飞钱出现

柜坊是唐代在城市中所设置的纯粹的金融机构，在唐德宗之前就已经出现。唐政府曾在德宗初年向柜坊借用钱币来供给军队使用，说明当时柜坊的规模已经很大了。

柜坊是现代银行的雏形，它一方面大量吸收存款，一方面对外经营借贷，已基本上具备了后代钱庄的性质。柜坊接受存款后，凭借一定的信物替存钱者支付款项，并收取一定数量的柜租，同今天银行在吸收存款时须付出一定的利息有所不同。柜坊在唐代发展迅速，商民在柜坊中存钱数目往往多达百、千贯，甚至十万贯以上，存户还可以凭类似支票的“帖”或其他信物支取钱币。

随着唐代商业和货币经济的不断发展，飞钱也开始出现。飞钱亦称便换、便钱，是唐代开始的中国最早的汇兑业务。唐朝实行两税法后，流通钱币严重不足，各地禁钱出境。到唐元和元年（806年），各地在京商人将钱交给本道驻京的进奏院及军、使机构或在京富商，领取半联票券，另半联寄往各道有关机构、商号。商人回家后合券取钱，这种方法称为“飞钱”。由于飞钱可避免长途携运钱币的麻烦及途中可能发生的危险，因而逐渐普及起来。懿宗时江淮商人在三司便换（唐代一种汇兑方式），到本州府取钱遭留，商人不敢再汇，影响到三司收入。但飞钱仍保持到唐晚期。

“钱荒”60年

钱荒是钱币数量不能满足流通需要而引起的货币危机。唐建中元年（780年）实行两税法后，赋税以钱计算，使国家财政收入的结构发生了重大的变化。这种以钱定税的政策使货币流通的范围不断扩大，货币的需要量大为增加。但是，货币数量不仅没有相应增加，反而随着两税法后大量货币的回收而日益紧缩，使钱贵物贱，人民的实际赋税负担成倍地增加。

在这种钱重物轻的情况下，越来越多的人开始蓄积铜钱，使流通领域的铜钱更加稀少，铜钱的流通速度大为减缓。政府又因铜贵而不愿铸钱，销钱为器的现象却不断增加，致使货币在流通中越来越缺乏，终于出现了“钱荒”的现象。物价不断下跌，到唐宪宗时期，物价水平甚至下跌到原先的1/5～1/4，“钱荒”非常严重。

◎中亚和西亚货币。丝绸之路开通后，中国同中亚、西亚的贸易往来日趋频繁，各国货币频频流入中国。图为从西安附近出土的阿拉伯金币。

◎波斯钱币

为了缓解“钱荒”的危机，唐政府采取了奖励采铜的措施，增加铸钱；严禁销钱，禁铜为器；政府出钱收购布帛，平抑物价；鼓励人们使用绢帛交易等。但各种做法收效甚微，钱贵物贱、铜钱缺乏的现象持续不断，使百姓深受其害。直到后来唐武宗会昌年间从天下佛寺取铜像大量铸造钱币后，这种持续了60年的“钱荒”现象才有所缓和。

◎五公祠。五公祠纪念唐宋时被贬至海南的李德裕、李纲、赵鼎、胡诠和李光。李德裕是牛李党争中李党的首领。

牛李党祸

唐元和三年（808年），牛僧孺、李宗闵因在科举考试中抨击时政，且主考官杨于陵、韦贯之将他们的策文评为上等，因而使宰相李吉甫大为不满。李吉甫向唐宪宗陈述此事后，宪宗贬斥了杨于陵、韦贯之等人，牛僧孺、李宗闵也长久不能迁任。这件事揭开了牛、李党争的序幕。

李党的首领是李吉甫的儿子李德裕，主要成员有李绅、郑覃、陈夷行、李让夷等；牛党除了牛僧孺、李宗闵外，主要成员还有李珏、杨嗣复、令狐绹等。

元和年间，由于牛党流落朝外，所以两党的斗争还不太激烈。长庆元年（821年），牛、李两党再次因为科举取士的问题发生争斗，结果是李党获胜，李宗闵和主考官钱徽、杨汝士被贬，双方结怨加深。

长庆三年（823年），穆宗即位后，牛僧孺被任命为御史中丞，不久又升任户部侍郎，很受穆宗宠信。后来穆宗从宣武节度使韩弘家的账簿上发现满朝权贵除牛僧孺外，大多接受了韩弘的财货，便认为自己知人不谬，下令将牛僧孺提升为宰相。牛、李两党之间的矛盾进一步激化。

唐文宗太和年间，朝中牛李朋党相争，屡生事端，无一宁日。李德裕、牛僧孺各有朋党，互相排斥，朝廷政事无不深受其害。文宗非常忧虑，常常感叹：“去河北贼易，去朝廷朋党难！”

太和五年（831年）九月，吐蕃维州（今四川理县东北）副使悉怛谋向唐投降。文宗听信牛僧孺之言，诏令李德裕将维州及将帅都归还吐蕃。吐蕃将悉怛谋等人全部处死。李德裕因此而更记恨牛僧孺。后来文宗后悔失策，责怪宰相牛僧孺，朝臣中依附李德裕的人马上故意疏远、诬陷牛僧孺，文宗也疏远了他。

牛僧孺感到自己的地位岌岌可危，于是向文宗表明自己当政力所不能及。十二月七日，牛僧孺出任淮南（今江苏扬州）节度使。同月，李德裕入朝任兵部尚书，太和七年（833年）二月擢升同平章事。当时朋党之争激烈，文宗与德裕商议对策。德裕认为朝官有1/3为朋党，借此排挤异己。三月，与德裕不和的朝官大多被贬，进一步打击了牛党在朝势力。

武宗会昌年间（841～846年），李德裕被重用为相，主持朝政，形成了李党独掌朝政的局面，牛党都被排斥出朝或被贬官流放。但会昌六年（846年）宣宗即位后，又任用牛党白敏中、令狐绹为相，召牛僧孺、李宗闵入朝。大中二年（848年），牛僧孺去世。第二年，李德裕死在崖州（今海南琼山东南）。牛李党争以牛党获胜结束。

甘露之变·宦官尽揽大权

唐太和九年（835年）十一月，李训及其同党策划甘露之变，诛杀宦官。

三十一日，文宗御临紫宸殿，百官班列，左金吾大将军韩约不报平定，上奏左金吾厅事后石榴树夜有甘露，是祥瑞之兆，宰相与百官都称贺。

李训等人劝文宗亲自观看，以承天赐。于是，文宗派宰相及中书、门下两省官员先去察看。李训奏称察看结果似乎并非甘露，不可急于向天下宣布。文宗不信，又派左右神策中尉仇士良、鱼弘志率领众宦官前往验证。

李训急忙召新任邠宁节度使郭行余、河东节度使王璠诛杀宦官。王璠害怕不敢入内，郭行余受旨。但李训遣兵入宫时只有河东兵而无邠宁兵。仇士良等人在左金吾仗下察验甘露，见韩约变色流汗，十分疑惑。风将帘幕吹开，仇士良发现手执兵器的士卒，又听见兵器碰撞声，大惊出走。守门人急于关门，被仇士良大声喝

◎唐武宗李炎像。甘露寺之变后，宦官更加为所欲为，肆意废立皇帝。

吡，未能关上。

仇士良想向文宗报告兵变，李训急忙唤金吾兵上殿护卫，每人赏钱一百缗。宦官见事紧急，忙扶文宗上轿，打断窗格逃跑。李训拉住文宗软轿不放。这时金吾兵已登含元殿，京兆少尹罗立言率士兵300余人从东而来，李孝本率200余兵从西而来，上殿袭击宦官，死伤10余人。而文宗软轿已入宣政门，李训仍不放手，他大声呼叫，被宦官郗志荣打倒在地。宦官马上关闭宣政门，连呼万岁。百官立即散走。

李训知道事情失败，穿上从吏的衣服骑马逃走。中书、门下两省官员都不知道发生什么事。

仇士良知道文宗参与事变，愤怒指责，文宗惭愧害怕，不敢回答。仇士良命令关闭宫中各门，由左右军副使刘泰伦、魏仲卿各率神策兵500人铲除李训及同党。中书、门下两省官员等千余人来不及逃走，全部被杀。

宰相舒元舆、王涯、李训，河东节度使王璠，京兆少尹罗立言等全被捕斩首，亲戚不管亲疏全部处决，孩童也不例外。李训、郑注等精心策划的甘露之变在宦官的反攻下彻底失败。

小人物辞典

爱情诗人李商隐

李商隐（约813～858年）是晚唐著名诗人，字义山，号玉溪生，又号樊南生，原籍怀州河内（今河南沁阳），后迁郑州荥阳（今河南）。他自称与皇帝同宗，但曾祖以下几代都只任县令一类小官，家境寒微。

开成二年（837年），李商隐因令狐楚推荐登进士第。令狐楚死后，他无可依靠，转入泾原节度使王茂元之幕，并被招为婿。当时朝廷牛李党争十分激烈，令狐楚父子属牛党，王茂元则近李党，李商隐因此被牛党和令狐家指责为“背恩”、“无行”，成为朋党之争的牺牲品，长期受到压抑，得不到重用。参加“博学宏词”科考试，先为考官所取，又被中书省内有权之人除名。任秘书省校书郎，后调任弘农县尉，又因“治狱”事件几乎被罢官。

卷入牛李党争后，坎坷不平的人生历程使诗人的创作向纵深发展，题材更为宽广，感情更为浓郁，表达更加婉曲，艺术上达到成熟的境界。

李商隐写了许多咏史诗，具有词微而显、意深而永的艺术效果，有极高的艺术成就。

同时李商隐还是唐代最优秀的爱情诗人，无题诗是他独具一格的创造。李商隐的无题诗大多以男女爱情、相思为题材，意境缥缈，情思缠绵，文辞精美，读来令人回肠荡气。由于这些诗写得含蓄隐晦，其中有些诗另有寄托，因而千年来解说纷纭。如“相见时难别亦难”、“昨夜星辰昨夜风”、“何处哀筝随急管”、“重帏深下莫愁堂”等，这些诗含义有别，大都是诗中之意不便明言，意绪复杂难以一言概括，统名为“无题”。诗歌的意义不限于表现一往情深的爱情生活，而是表现那种期待与失望、痛苦与留恋、执着与彷徨交织的矛盾心情，与整个时代息息相通。

李商隐以真实的情感体验为基础，着力于心理的细腻刻画和意境的精心创造。“春心莫共花争发，一寸相思一寸灰”、“身无彩凤双飞翼，心有灵犀一点通”、“直道相思了无益，未妨惆怅是清狂”、“春蚕到死丝方尽，蜡炬成灰泪始干”等诗句，感伤凄恻而又深情绵邈，成为李商隐无题诗中的不朽名句。

李商隐的无题诗情致深蕴，独特精丽的意象渗透着诗人丰富的内心情感，具有一唱三叹的韵味。这正是无题诗吸引无数后人反复吟诵把玩的原因所在。

◎李商隐像。李商隐生活的时代不幸正逢晚唐末世，牛李党争正盛，后又遇宦官得势，他的诗歌正反映了这一时代的无奈情绪。

回鹘流散·唐定回鹘

开成五年（840年），黠戛斯攻灭回鹘，得到太和公主。他自认为是汉代李陵后裔，和唐同姓，于是派达干等10人护送公主回长安。

回鹘被攻灭后，于第二年二月立乌希特勒为乌介可汗。乌希特勒听说公主将回长安的消息后，率军半途袭击达干一行，劫持太和公主，然后南行屯兵于天德军（今内蒙）境内，在这一带任意用兵，骚扰羌、浑等部落。乌介可汗胁迫太和公主上表，要求唐朝册封回纥可汗，并借振武城（今内蒙和林格尔北）安置公主和可汗。会昌元年（841年）十二月，武宗派右金吾大将军王会慰问可汗，并赈济两万斛米安抚军队，赐可汗敕书，让他返回漠南，收复失地，放公主归唐。乌介可汗拒绝了唐朝廷的要求。

会昌二年（842年）三月，回鹘发生内乱。四月，嗢没斯率军投唐，朝廷大行赏赐，封他为左金吾大将军、

◎回鹘王像

怀化郡王。五月，卢龙节度使张仲武大破那颉啜率领的另一支回鹘军队，那颉啜为乌介可汗所杀。八月，乌介可汗率军南下，转战至云州（今山西大同）城下。唐政府派兵增援太原、振武、天德，等待机会驱逐回鹘，并赐可汗书信，命他停止剽掠，返回漠南。同时，武宗召集群臣商议对策，大臣们各抒己见。宰相李德裕认为应趁回鹘用兵已久、力量衰微之时迅速出兵，一举破敌。武宗采纳了李德裕意见，派河东节度使刘沔统一指挥各道兵马，屯兵雁门关（今山西）。

会昌三年（843年）正月，乌介可汗侵逼振武，刘沔派麟州（今陕西神木）刺史石雄等人领3000兵马前去抗击，自己则亲率大军继后。石雄到振武后，秘密派人告诉太和公主战事布署，半夜直攻可汗牙帐，可汗仓皇逃走。石雄紧追不舍，大破可汗的军队，迎太和公主返唐。

至此，回鹘势力大受打击，唐朝暂时避免了回鹘骚扰。

日僧圆珍回国

大中七年（853年），日僧圆珍等人乘唐朝商人良晖的船入唐学法，途经温州、台州后到达福州，在福州（今福建）跟从中天竺沙门曼素悉怛

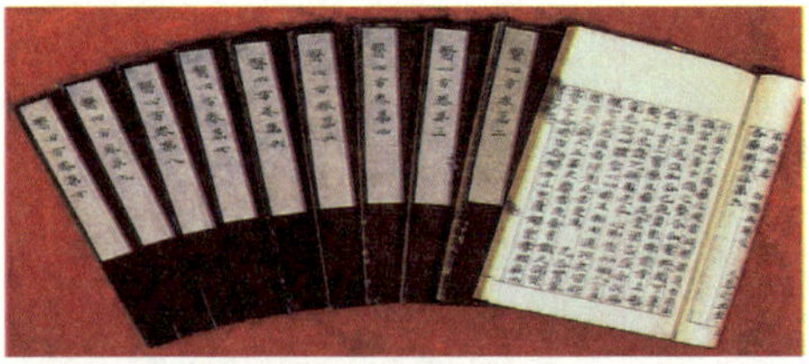

◎《医心方》书影。《医心方》是日本现存最早的综合性大型医学方书，成书于984年，正当我国北宋初年的太平兴国年间。该书摘引的中国医书多达160余部，反映了中国医书盛传日本的情况。图为日本安正元年奉旨校刻本《医心方》。

罗学习悉昙章。

第二年，到越州（今浙江绍兴）开元寺学习天台教。大中九年（855年），到长安福寿寺，拜青龙寺法全为师，学习密宗。他利用几年时间，拜各派宗僧为师，广泛涉猎佛教各宗派经典要义。

大中十二年（858年），圆珍带着经论等441部共1000卷、真言道具16种，及各种碑铭文等，搭乘唐朝商人李延孝的船回国。

回国后，圆珍将他求得的经法编了5种目录——《开元寺求得经疏证目录》、《青龙寺求法目录》、《福州温州台州求得经律论疏证外书等目录》、《日本比丘圆珍入唐求法目录》、《智征大师请来目录》，都流传于世，为中日文化交流作出卓越贡献。

南诏酋龙称帝

大中十三年（859年）十二月，南诏王酋龙自称皇帝，改元建极，派兵

攻陷播州，南诏与唐在和平共处几十年后又开战火。

唐德宗时，西川节度使韦皋善待南诏，开通青溪道以利南诏向唐朝上贡，并挑选南诏子弟来成都学习书法、算术，以此方法维持与南诏的友好关系。

60多年来，在成都学习的南诏弟子达千人，地方政府难以供给，再加上入贡唐朝的南诏使者回赐丰厚，贡徒队伍不断增多，蜀地应接不暇。大中十三年（859年），杜悰任西川节度使，奏请朝廷削减南诏入贡使者和来蜀学习弟子人数。这一举措激怒了南诏王丰祐，开始派兵骚扰边地。

这时正值宣宗去世、懿宗上位，恰好南诏王丰祐死，儿子酋龙立，酋龙怨恨唐朝不派使者前来哀悼，因此对唐朝派来报告宣宗死讯的使者待遇刻薄。

使者还朝报告情况，懿宗不按惯例册封酋龙为南诏王。于是酋龙自称皇帝，改元建极，与唐朝为敌。

◎南诏太和城遗迹

逸闻趣事

唐代妓女生活

唐代妓女主要有宫妓、官妓、家妓3类。

宫妓是以乐舞及绳、竿等杂技供奉朝廷的女艺人。宫妓多为色艺俱佳的乐户、倡优子女，也有少数平民女子，归内教坊管理。玄宗时，宫妓最盛，每年勤政楼大会，仅歌舞妓一登场就多达数百人。玄宗还在两京宫外设置左、右两个外教坊，训练大批艺妓，称“外教坊妓”。

宫妓、教坊妓，名义上献艺不献身，但难得其实。如玄宗弟岐王在冬季，将手揣入宫妓怀中取暖。宫妓具有后世娼妓的性质。

“唐人尚文好狎”，官贵以狎妓相尚，政府对此也无禁令。当时两京、各大州府及某些县皆设有官妓。长安官妓靠自谋生路，受官府管辖较松。妓馆多由鸨母带数名养女组成，也有人在家中接客。她们一般以陪宴、卖淫为主，献艺为辅。长安官妓聚居平康里，妓业兴隆，“京都侠少，萃集于此”，时人谓此坊“风流薮泽”。东都、扬州等大都市的情景与长安相仿，如扬州每到夜晚“倡楼之上，常有绛纱灯万数，辉耀空中”。地方官妓属“乐营”管理，集中居住于乐营，由官府供给衣粮，主要任务是承应官差、献艺、陪酒、侍夜。

家妓为官贵富户等私家蓄养的歌舞妓女。王公贵族家妓常有数百人之多。家妓除供主人玩赏娱乐外，还要招待宾客，甚至陪宿。

唐代妓女虽生活有所保障，有的还较优裕，但并无独立人格，只能任人宰割。

如平康里小吏李全受人贿赂，便将患病的妓女仙哥抬走陪客。唐末鄜州官员在宴席间争夺官妓杜红儿未逞，竟当场杀红儿。家妓地位介于妾婢之间，命运也很不济。如严挺之的宠妓玄英为其子碎首残杀后，严挺之竟对儿子的“勇气”大加赞赏。

唐妓女年老色衰后，常遁入空门，与青灯古佛为伴。江淮名妓徐月英《叙怀》诗所吟“虽然日逐笙歌乐，长羡荆钗与布裙”，为妓女愁苦心情的真实写照。

◎唐妓关盼盼

◎唐妓薛涛

黄巢攻入长安即帝位·兵败身亡

唐懿宗时期，统治集团日趋腐败，苛捐杂税加重了人民的负担，社会矛盾空前激化，加之连年灾荒，农民纷纷逃亡起义。

乾符二年（875年）王仙芝在长垣发动起义，自称“天补平均大将军”，黄巢率众响应。乾符五年（878年），王仙芝在黄梅战死，其余部投奔黄巢。众推黄巢为黄王，号冲天大将军。黄巢挥师北上，攻克沂州、濮州，南下攻越州，又转战福建，乾符六年（879年）九月攻克广州，兵士达10万人。黄巢发布文告，痛斥唐朝统治者的腐败行径，号召贫苦农民起来推翻唐朝黑暗统治，百姓纷纷响应。

乾符六年（879年）冬，黄巢再度率军北伐，自桂州出发，沿湘江北上，连攻潭州等地，各地藩镇惶恐不安，不敢出战。十一月，起义军突破长江，占领东都。接着又突破潼关唐军防线，又占领华州，黄巢命部将留守，自己率军直攻长安，唐僖宗带领少数嫔妃官吏在田令孜所率的500神策军的护拥下仓皇逃往成都。同日，黄巢军前锋进入长安。

880年，黄巢金装肩舆，率军浩浩荡荡地进入长安，又杀了留在长安的唐

◎黄巢入长安图。黄巢等人领导的农民起义沉重打击了唐朝统治，甚至建立了自己的政权，但历时10年左右终归失败。

室遗族。

881年十二月十三日，黄巢在长安称帝，国号大齐，改年号金统。起用唐四品以下官员，罢免三品以上唐官员，处死一批拒降的唐高级将领官员，没收地主财物。任命尚让为太尉兼中书令，赵璋兼侍中，唐降将崔璆、杨希古为宰相，孟楷为左右仆射。但黄巢政权没有乘胜追击唐朝的残余军队，给了敌人以喘息的机会，加上巢将朱温叛变，与沙陀首领李克用一起抗击起义军，起义军连连受挫，884年黄巢退至狼虎谷时兵败自杀，起义以失败告终。

历时10年左右的唐末农民起义终于以失败为结局。但黄巢领导的农民起义严重动摇了唐朝的统治，唐朝因此迅速走向衰亡，最后被朱全忠取而代之。

朱全忠专唐政

朱全忠，初为唐藩镇镇将，因救唐皇昭宗有功被封为东平王，得势后朱全忠即铲除异己，杀宰相崔胤，又弑昭宗李晔，拥立幼主，专制朝廷。

901年，宦官刘季述等发动政变，囚禁唐昭宗，拥立太子。在崔胤、孙德昭、朱全忠的统领下，昭宗获救。后来昭宗铲除了朝廷宦官势力，加封朱全忠为东平王、梁王。

朱全忠得势以后，为了取得政治上挟天子以令诸侯的优势，数次奏请皇上迁都洛阳，为了排除崔胤的阻力，天复四年（904年）正月，朱全忠密奏崔胤专权、图谋反叛朝廷，使昭宗贬谪崔胤，解散其募兵，朱全忠又密使朱友谅谋杀了崔胤一家大小及他的亲信。随后朱全忠驻兵河中（今山

◎《商人遇盗图》。出自敦煌第45窟壁画，是“观音经普门品”变相图的一部分。图中持矛着汉服者为强盗，戴胡帽者为商人。本图反映了唐代与西域通商路上的艰难险阻。

西永济），胁迫昭宗迁都洛阳，长安成为一片废墟空城。朱全忠又迫使昭宗诏授其亲信长安为佑国军，韩建为佑国军节度使，刘知俊为匡国留后，他本人兼判左、右神策及六军诸卫事。在东都洛阳，昭宗改元天祐，以天复四年为天祐元年。

天祐元年（904年）六月，李茂贞、王建、李继徽联合讨檄朱全忠，为防止东都发生事变，朱全忠派遣李振、蒋玄晖及朱友恭、氏叔琮谋杀了昭宗，之后伪称二妃反叛，立辉王柷为皇太子，即哀帝。朱全忠西讨返东都，假作震惊，以逆臣之名杀朱友恭、氏叔琮，授张全义为河南尹兼忠武节度使，判六军诸卫事，领宿卫。同年十月，光州降朱全忠，淮南节度使杨行密遣兵围城。朱全忠率5万兵士渡淮河南下，派遣各路将士围困杨行密。朱全忠又对诸王大动杀手，借宴请之机将昭宗诸子德王李裕等9人全部杀死，大肆贬逐朝臣。906年，天雄牙军作乱，罗绍威求救于朱全忠，朱全忠派兵10万由李思安带领，大败牙军，将牙军兵士妇婴8千家全部杀死，又用了半年时间征讨魏博诸军，耗费魏巨额财力，从此魏兵衰弱下去，天雄节度使罗绍威追悔不已。

这样，朱全忠通过杀朝臣诸王，弑昭宗拥立幼主，铲除异己诸路军队，终于大权独揽，干预朝政，为自己称帝作好了充分的准备。

文化小辞典

柳体字

晚唐时期，书法大家柳公权创立新体，世人名之“柳体”，柳体在书法史上的地位与颜体相当。世称二人为“颜柳”。

柳公权的字始学“二王”，几年之后遍习隋唐以来各家的笔法，作品既具有魏晋人的风貌，又吸取了隋唐各大家特点。他擅长真行草，特别是对楷书的研究，功力深厚。他早年的楷书已经取得卓著成就。后来，他进一步揣摩、研究颜体的笔法，融会成体势劲媚、法度谨严、方圆兼施、富有变化而自成一体的柳体，从而在书法史上奠定了自己的地位。

“字如其人”。史册载，柳公权为官清廉，秉性刚直，不为恶势力所屈，有极好的品德和极高的声誉，能创立柳字，非属偶然。晚唐书法经历盛中唐以后，盛极而衰，柳公权如一匹精悍之马，驶入书林，为后人留下许多碑帖。

柳公权的书法在当时已非常贵重，王公贵族在刻碑时如果求不到柳氏手书便会被认为不孝。外邦使者也纷纷重金求购他的墨迹。后代书法家更是重视柳体字，将之与颜体字相提并论，柳体成为楷书的范本。

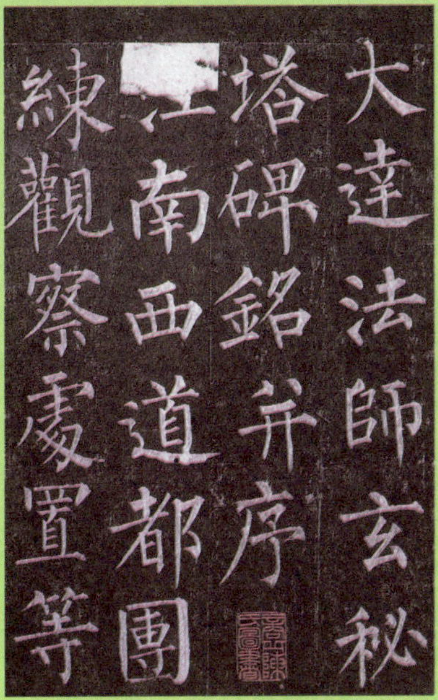

◎柳公权《玄秘塔碑》。柳公权书法笔力雄健，自成一家，与颜真卿书法并称“颜筋柳骨”。

晚唐壁画骄奢淫逸

晚唐壁画是指唐肃宗至德元年至唐末（756～907年）这一时期的壁画，它继续盛行家居生活方面的题材，仪仗出行的题材进一步削弱。从整体上观察，壁画上呈现的日常家居生活气氛很浓厚，这是中晚唐时期统治阶级更加骄奢淫逸的反映。在一些晚唐的墓道两壁上除第一、二期常见的表示方位的青龙、白虎之外，目前尚未发现仪仗出行的盛大场面；天井、过道两壁上，除画马夫牵马以外，还有男侍、女侍、伎乐、屏风、宴饮等内容。

中晚唐时期继承了北朝后期好画屏风的传统。梁元翰、杨玄略墓墓

◎唐宴饮壁画。该壁画反映了中小贵族阶层的生活状况和精神面貌。

室两壁所绘屏风以六鹤作装饰，高克从墓墓室两壁的六扇屏风，每一扇用一对鸽子作装饰，此乃当时贵族邸宅喜用屏风的写照。杜甫《通泉县署屋壁后薛少保画鹤》诗云：“薛公十一鹤，皆写青田真。画色久欲尽，苍然犹出尘。低昂各有意，磊落如长人。佳此志气远，岂惟粉墨新。”此诗可与唐墓壁画相印证。

晚唐壁画的创作风格趋向繁靡浮华，内容上则从不同侧面反映了统治阶级骄奢淫逸的生活；创作技法上在继承了南北朝时期的成就的同时，进一步发展了“曹衣出水”、“吴带当风”的画技，使晚唐画技日臻成熟起来。吐鲁番阿斯塔那38号唐墓壁六屏式人物画，充分体现了晚唐圆熟的壁画技巧，特别是画上捧棋盘的侍者和臂鹰侍者，极富生活气息，人物刻画细致入微，气韵生动，是以疏体画派画风为基础，融汇了密体画派的画风，加以初唐、盛唐两个时期的积累发展，到晚唐时期，画技充分完善起来。

晚唐壁画技法上虽然臻于成熟，但反映的内容则是毫无进取的浮华寄生生活，伎乐、宴饮舞蹈等声色犬马的地主阶级家居生活成为晚唐壁画的主流，这是统治阶级不思进取，沉迷于享乐，日趋没落的艺术写照。

女侠小说出现

女侠小说产生于晚唐，传奇小说中出现了两篇描写女剑客的故事——《聂隐娘》与《红线》。

《聂隐娘》是裴硎所撰《传奇》中的一篇。主角魏博大将聂锋的女儿聂隐娘，10岁时被一尼姑用法术“偷去”，教其剑术，能白日刺人而旁人不见。身怀绝技的聂隐娘在父亲死后投奔陈许节度使刘昌裔。魏博主帅派人暗杀刘，隐娘以法术破之。后刘入觐，聂隐娘告别而去。刘死后，聂又至京师刘柩前恸哭。

《红线》是袁郊所撰《甘泽谣》中的一篇。红线是潞州节度使薛嵩的侍婢，有超人的力量。她以神术潜入魏博节度使田承嗣府中，偷其供神金盒，而薛嵩即派人送回。田大惊失色，明白既有异人能取走床边金盒，杀他更是易如反掌。这一威吓，迫使田不敢再飞扬跋扈，表示悔过自新。红线则在两地保其城池后，功成身退。

两篇作品都充满知遇报恩的思想，带有神秘色彩，并成功地塑造了智勇兼备的侠女形象，想象丰富，构思奇特，成为后来女侠小说的雏形。

侠义小说的大量出现与当时社会上的游侠之风密切相关。唐中叶之后，藩镇割据局面愈演愈烈，而百姓身处乱世之中，备受其苦，格外希望能出现武艺高强、慷慨然诺的豪侠为自己雪冤报仇。同时佛老方术盛行，也使侠客们蒙上一层神秘色彩。这就是侠义小说的社会文化基础。《聂隐娘》和《红线》即反映出藩镇拥兵跋扈及暗杀之风的盛行。两位女主角各展神术、报效主恩，然后功成身退，显示出豪侠之气。小说情节离奇，道术气很浓。

◎唐三彩女坐俑。唐代的女性形象充满生命力，是中国历史上女性形象最为光彩夺目的时期。

文化小辞典

司空图《二十四诗品》

司空图（837～908年），唐代诗论家、诗人。字表圣，自称知非子，又号耐辱居士，河中虞乡（今山西省永济县附近）人。一生撰有《司空表圣诗集》、《司空表圣文集》，但奠定他在文学史上的地位的却是《二十四诗品》一书（近年有学者认为《诗品》非唐司空图所作）。

《二十四诗品》（或称《诗品二十四则》），简称《诗品》，是一部论诗专著。书中把诗歌的艺术风格具体区分为雄浑、冲淡、纤秾、沉着、高古、典雅、洗炼、劲健、绮丽、自然、含蓄、豪放、精神、缜密、疏野、清奇、委曲、实境、悲慨、形容、超诣、飘逸、旷达、流动24种，每品各以12 句四言韵语形象地描述其风貌特征，其中，“雄浑”、“洗炼”、“含蓄”、“形容”、“流动”等品目偏重于创作理论和写作方法上的阐述，其余大都是侧重于对风格的摹写形容。

全书以“雄浑”的兴象开端，用“流动”的气脉终结，其中心则在于“含蓄”，而他诗论的核心是“冲淡”的意境。

含蓄，司空图解释为“不著一字，尽得风流”，即他所极力倡导的“味外之旨”、“韵外之致”的艺术境界，所谓“语不涉，若不堪忧”（“含蓄”），要求诗歌托物言志，借景抒情，传达“近而不浮，远而不尽”，“可望而不可置于眉睫之前”的弦外之音。而这种要求就必然使他形成追求冲淡逸远诗风的美学思想，与此同时，司空图提出了“思与境偕”，强调主观之情与客观之境的交融感会，即借景抒情，以形写神，进而遗貌取神，形成委婉含蓄的风貌和意蕴无尽的味外之旨，具有闲淡冲和之美。这种重神韵趣味，追求清空淡远意境的倾向，标志了晚唐以后艺术风尚的转变。

《二十四诗品》影响深远，它所提出的“韵外之味”直接影响了后世严羽的“妙悟”说、王士祯的“神韵”说。此外，《二十四诗品》采取以诗论诗，以诗喻诗的独特的诗论方式，形成了中国古代论诗的一种基本艺术形式。

◎明周臣绘《香山九老图轴》。一生同情民众而又无力改变现实的白居易，晚年退居河南洛阳龙门山东之秀山，筑石楼，自号香山居士，在与九位老者宴饮仙游中了结残生。司空图对白居易笃信佛教略有微词，曾有诗句云：“不似香山白居易，晚将心事着禅魔。”